O FUTURO É...

ISBN 978-85-5717-047-6

DADOS INTERNACIONAIS DE CATALOGAÇÃO NA PUBLICAÇÃO (CIP)
ANGÉLICA ILACQUA CRB-8/7057

Av. das Nações Unidas, 7221, 1º Andar, Setor B
Pinheiros – São Paulo – SP – CEP: 05425-902

 0800-0117875
De 2ª a 6ª, das 8h às 18h
www.editorasaraiva.com.br/contato

Luquet, Mara
  O futuro é... Viajar, malhar, estudar, namorar e investir / Mara Luquet ; ilustrações de Camila Mamede. – São Paulo : Benvirá, 2016.
  312 p. : il., color.

ISBN 978-85-5717-047-6

1. Aposentadoria – Planejamento 2. Finanças pessoais 3. Investimentos 4. Previdência privada I. Título II. Mamede, Camila

16-0596
CDD 332.024014
CDU 368.914

Índices para catálogo sistemático:
1. Aposentadoria – Planejamento

Copyright © Mara Luquet e Camila Mamede, 2016.

Todos os direitos reservados à Benvirá,
um selo da Saraiva Educação.
www.benvira.com.br

Presidente	Eduardo Mufarej
Vice-presidente	Claudio Lensing
Diretora editorial	Flávia Alves Bravin
Gerente editorial	Rogério Eduardo Alves
Editoras	Debora Guterman
	Ligia Maria Marques
	Paula Carvalho
	Tatiana Vieira Allegro
Produtores editoriais	Deborah Mattos
	Rosana Peroni Fazolari
Comunicação e produção digital	Mauricio Scervianinas de França
	Nathalia Setrini Luiz
Suporte editorial	Juliana Bojczuk
Produção gráfica	Liliane Cristina Gomes
Revisão	Tânia Belarmino
Capa e projeto gráfico	Cuca Design
Diagramação	Cynthia Homsi (Cuca Design)
Impressão e acabamento	Intergraf Ind. Gráfica Eireli

1ª edição, 2016
1ª tiragem, 2016
2ª tiragem, 2016

Nenhuma parte desta publicação poderá ser reproduzida por qualquer meio ou forma sem a prévia autorização da Saraiva Educação. A violação dos direitos autorais é crime estabelecido na lei nº 9.610/98 e punido pelo artigo 184 do Código Penal.

548.095.001.002

Mara Luquet

O FUTURO É...

Viajar, malhar, estudar, namorar e **INVESTIR**

Ilustrações **Camila Mamede**

Benvirá

SUMÁRIO

1

P. 10

SER OU NÃO SER...

UM APOSENTADO?
EIS A QUESTÃO!

2

P. 50

INVES TIR É PRE CISO...

MESMO QUE POUCO,
PORÉM SEMPRE

3

P. 72

INSS,

O PRIMEIRO PILAR

4

P. 102

PRE VI DÊN CIA

COMPLEMENTAR

5

P. 140

LEÃO,

UM GRANDE
ALIADO

6

P. 166

OS FUN DOS

DE PENSÃO

7

P. 192

INFLAÇÃO,

UMA GRANDE INIMIGA

8

P. 210

CARTEIRA

DE INVESTIMENTOS

9

P. 240

O PAPEL DA

RENDA FIXA

10

P. 258

O MERCADO DE AÇÕES

E A SUA APOSENTADORIA

11

P. 276

SAÚDE,

O MELHOR INVESTIMENTO

12

P. 296

ONDE

BUSCAR AJUDA

DEDICATÓRIA

Não poderia deixar de expressar meus sinceros agradecimentos a dois grandes amigos que, infelizmente, partiram muito cedo. Marco Antônio Rossi e Lucio Flávio Condurú de Oliveira foram os responsáveis por tornar possível este livro, que ficará como legado a todos nós e, especialmente, a Maria Isabel Rossi, a Edimara Condurú de Oliveira e a seus filhos e netos.

AGRADECIMENTOS

Este livro levou dois anos para ser concluído. Durante esse período contei com a ajuda de fontes no governo e no setor privado, todas atentas ao debate sobre previdência no Brasil em seus mais diversos aspectos, além de colaboradores da Letras & Lucros. Eles me ajudaram com informações, correções e revisão técnica. Os acertos e as informações aqui contidas devem-se certamente a eles. Já os erros são inteiramente meus.

A todos estes colaboradores, meu reconhecimento:

Alexandre Nogueira, Alvaro Dias, Ana Claudia Utumi, Ana Flavia Ribeiro Ferraz, Camilla Andrade, Claudio Accioli, Danielle Vicente, Fernando Godoy, Jair Lacerda, Janes Rocha, Jorge Nasser, Jorge Simino, Leonardo Rolim, Lucia Porto, Luis Eduardo Assis, Neiva Barbieri de Almeida, Nilton Horita, Rogerio Araújo, Vera Soares, Vitor Paulo Camargo Gonçalves e Viviane Barbosa.

Agradeço também à Bradesco Seguros e à Bradesco Vida e Previdência pelo apoio ao projeto.

1

SER OU NÃO SER...

UM APOSENTADO? EIS A QUESTÃO!

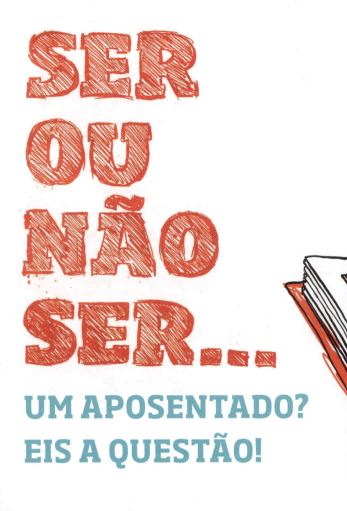

ESQUEÇA TUDO O QUE DISSERAM SEUS PAIS E AVÓS, A APOSENTADORIA NO SÉCULO 21 É UMA GRANDE REVOLUÇÃO

POR QUE "O FUTURO É"?

PORQUE É NO PRESENTE QUE VOCÊ CRIARÁ OS ALICERCES PARA ALCANÇAR OS SEUS SONHOS

Há algumas barreiras que nos impedem de pensar na aposentadoria. A principal delas é pensar sobre o envelhecimento. No Brasil, envelhecer é quase um pecado. Vivemos como se a expectativa de vida fosse de 28 anos de idade e, se a realidade teima em se impor e nos levar a atravessar a fronteira dos trinta e dos "enta" (40, 50, 60...), então teremos um problema se não nos prepararmos física, mental e financeiramente para isso.

Simplesmente **não nos preparamos para amadurecer**. E não estou falando só em dinheiro, como você verá neste guia e como você perceberá nos almoços de domingo com as performances de seu cunhado.

O dinheiro talvez seja a parte mais fácil de resolver com o amadurecimento do mercado brasileiro, o aparecimento de novos produtos de investimento de longo prazo e incentivos fiscais que vão nos ajudar a levar nossas economias para o futuro de forma segura e rentável. O objetivo é que, ao contrário da gente, nossas economias cheguem cada vez mais gordas ao futuro.

Sim, se tudo der certo, você fizer exercícios, não fumar e mantiver um estilo de vida que inclua uma alimentação saudável, as chances são grandes de você envelhecer tanto que chegará a ser um centenário. E, acredite, isso será muito bom.

Daí a importância de **ir construindo uma estratégia e fazer planos** para o futuro. Mas é fundamental que esses planos saiam do terreno dos sonhos para se tornarem realidade. Esta é a proposta deste guia: iniciar esta caminhada com você. Como? Entregando informações que irão ajudá-lo a organizar seu raciocínio e criar estratégias vencedoras para quando o futuro chegar.

Minha pretensão é fazer deste pequeno livro uma chave do tamanho dos seus sonhos. Quero levar informações para ajudá-lo em sua tomada de decisões e despertá-lo para reflexões que irão contribuir para a construção do seu **FUTURO.**

Você já experimentou pensar no seu futuro?

Comece por aqui rabiscando imagens que remetam ao que você quer ser quando envelhecer. Sim, envelhecer é uma ótima ideia, basta pensar na alternativa.

POR QUE PENSAR NA APOSENTADORIA?

PORQUE PODERÃO SER OS MELHORES ANOS DE SUA VIDA

Duvida? Pode apostar. O século 21 chega com uma grande revolução que assombra e está deixando empresas, famílias e governos de cabelo em pé: o aumento da expectativa de vida. Não é trivial viver 100 anos ou mais. E custa caro.

O número de centenários cresce a cada dia e provoca uma revolução de costumes. Vive-se mais, é um fato. Mas vive-se melhor? Está aí o grande desafio, por isso pensar na aposentadoria é premente. Ou melhor, pensar na sua **liberdade financeira**. O termo "aposentadoria" vai cair em desuso porque talvez as pessoas passem a não se aposentar nunca. E, pode apostar, você vai adorar.

Não existe nada mais antigo do que pensar na aposentadoria como algo pejorativo. Aposentadoria não é ir morar com os filhos, vestir o pijama e viver com parcos recursos. Não significa sequer que você precise parar de trabalhar, mas que irá fazer apenas aquilo de que realmente gosta.

E sim, estão previstas muitas viagens, muitos passeios, festas e diversões. Sabe por quê? Porque **aos 60 anos você ainda estará muito jovem.**

Por isso, mesmo que você não seja do tipo que gosta de guardar dinheiro ou pensar sobre investimentos, terá que reconsiderar fazer isso. Você terá que fazer, pelo menos, um investimento na vida: aquele que financiará sua **gerontolescência.**

GERONTOLESCÊNCIA

Este termo foi cunhado por Alexandre Kalache, médico brasileiro que criou o programa de envelhecimento ativo da Organização Mundial da Saúde, e define basicamente uma nova fase do ciclo de vida no século 21.

O termo faz uma brincadeira misturando os conceitos de envelhecimento com adolescência. Os primeiros gerontolescentes são os "baby boomers", aquela geração nascida no pós-guerra, entre 1945 e 1964. É uma geração muito numerosa, que tem um nível de saúde melhor do que qualquer outra geração antecedente, um nível educacional mais alto e dinheiro no bolso.

Isso permitiu que fosse criada uma transição que antes não existia. Esse grupo está saindo da idade adulta, aos 65 anos, mas ainda não envelheceu. Ou seja, está transitando, do mesmo jeito que você transita da infância para a idade adulta, na adolescência. Essa geração está reinventando o envelhecer.

QUANDO PENSAR NA APOSENTADORIA?

COMECE JÁ

Você se acostumou a ouvir que, quanto mais cedo iniciar seu programa de investimentos, melhor, e mais chances de sucesso terá. Sem dúvida, aí está um dos princípios básicos para quem quer investir para garantir a aposentadoria. Mas tenha em mente também que **antes começar tarde do que nunca**. Mesmo que você já esteja bem próximo da aposentadoria, vale a pena usar o tempo de trabalho que ainda resta para fazer um programa de investimentos que certamente o ajudará no futuro.

COMO COMEÇAR A A INVESTIR PARA O FUTURO?

NÃO IMPORTA QUANTO, SEPARE TODO MÊS UMA QUANTIA DESTINADA À SUA LIBERDADE FINANCEIRA

A partir de agora, nossa meta é liberdade financeira, o que não significa enriquecer a ponto de nos tornarmos bilionários, mas fundamentalmente ter um patrimônio e uma renda que nos deem tempo para escolher onde, como e com quem trabalhar — o que não é pouca coisa e, sinceramente, é melhor do que qualquer salário do mundo, por maior que este seja. A aposentadoria é apenas uma forma de alcançar essa liberdade.

Se você pensa em deixar para iniciar o seu plano de investimentos quando o dinheiro estiver sobrando, esqueça. Dificilmente você o conseguirá.

Não é preciso ser muito exigente consigo mesmo, o **fundamental é ter disciplina**. Comece guardando pouco, que é para não fazer falta no orçamento e não sofrer a tentação de fazer resgates no meio do caminho.

Nada é pior para uma estratégia de longo prazo do que fazer resgates antes de fechar o ciclo de investimentos. Com isso, você tira a principal força de aplicações de longo prazo: a taxa composta, ou seja, o juro sobre juro.

Assim, comece separando cerca de R$ 100 ou R$ 200, se isso é tudo de que pode dispor. Ou até menos. Mas veja que, em longo prazo, o fato de ter disciplina para guardar dinheiro fará uma enorme diferença.

O importante é que você não encontre mais motivos para adiar o início do seu programa de investimento para **alcançar a tão sonhada liberdade financeira**.

COMECE AOS POUCOS
Taxa real de retorno (ao ano): 6%

Aplicação mensal	10 anos	15 anos	20 anos
50,00	R$ 8.163,21	R$ 14.415,42	R$ 22.782,29
100,00	R$ 16.326,43	R$ 28.830,85	R$ 45.564,58
150,00	R$ 24.489,64	R$ 43.246,27	R$ 68.346,87
200,00	R$ 32.652,86	R$ 57.661,69	R$ 91.129,15

Fonte: A,R&D Finanças Pessoais.

QUAL A MELHOR IDADE PARA EU ME APOSENTAR?

NÃO É A IDADE, MAS O QUANTO VOCÊ JÁ ACUMULOU QUE VAI LHE DIZER QUAL É O MELHOR MOMENTO PARA SE APOSENTAR

Para se aposentar pela previdência oficial é necessário somar seu tempo de contribuição à sua idade para alcançar a soma mínima que o eleja a pedir o benefício (veja mais no capítulo 3 deste guia). Ocorre que este é, na verdade, só um detalhe.

Mesmo na previdência oficial é preciso acumular uma quantidade mínima de recursos para conseguir formar um patrimônio que irá fundear, ao menos em parte, os benefícios que você receberá depois de aposentado.

Sua liberdade financeira ou aposentadoria será um **mosaico formado por diversas fontes de renda** que você irá construir ao longo do tempo. O INSS será apenas uma dessas fontes.

Por isso, se você consegue montar essa engrenagem aos 50, por que não antecipar a aposentadoria, se tiver recursos suficientes? Mas atenção, pois com o aumento da expectativa de vida essa é uma situação cada vez mais difícil.

Mas você poderá também chegar aos 60 ou 65 anos de idade sem ter acumulado o suficiente. Nesse caso, o melhor será adiar um pouco a decisão de se aposentar até conseguir os valores necessários para manter o seu padrão de vida.

Como está o mosaico da sua aposentadoria? Desenhe aqui.

COMO ME APOSENTAR ANTES DOS 60 ANOS?

COMECE A SE PLANEJAR MAIS CEDO OU FAÇA UM ESFORÇO MAIOR NAS SUAS ECONOMIAS

São dois os ingredientes básicos para você conquistar um patrimônio que lhe permita ganhar a independência financeira: **tempo e dinheiro**. Quanto mais você tiver de um, menos precisará do outro. Portanto, ajuste seu foco nesses dois itens.

Se você quer parar de trabalhar antes dos 60 anos, deve começar a guardar dinheiro o quanto antes ou fazer depósitos mensais bastante altos.

Outro ponto que irá ajudá-lo é **ser mais arrojado nos seus investimentos**, ou seja, perseguir taxas de retorno maiores em suas aplicações, o que significa deixar uma parcela maior de seus recursos em mercados de maior risco, como ações. Note que, quanto mais tempo você tiver, mais arrojado poderá ser, porque o tempo ajuda a diluir o risco de determinadas aplicações.

Ao contrário, se você já estiver às vésperas de sua aposentadoria, é saudável reduzir a parcela de risco de suas aplicações. Observe que os analistas falam em reduzir, e não em eliminar, essas aplicações de seu portfólio — em especial as ações (veja mais no capítulo 10).

APOSENTADO AOS 50 ANOS

Taxa real de retorno (aa): 6%
Idade da aposentadoria: 50 / Período de recebimento (anos): 20

Idade atual	Renda mensal		
	3.000,00	5.000,00	7.000,00
	Contribuição mensal		
25	627,18	1.045,30	1.463,41
30	935,41	1.559,02	2.182,63
35	1.478,34	2.463,90	3.449,46
40	2.610,60	4.351,00	6.091,40

Fonte: A,R&D Finanças Pessoais.

FATO

- Ao se aposentar mais cedo, você terá de acrescentar mais tempo de utilização da sua renda de aposentado, o que vai exigir um capital maior do que se a aposentadoria fosse aos 60 anos, no caso da previdência privada.

- Para ter uma renda de R$ 3 mil por 20 anos, por exemplo, você precisará de um capital de R$ 424 mil, aplicados a uma taxa média anual de 6%. Para ter a mesma renda por 30 anos, você necessitará de R$ 509 mil, aplicados à mesma taxa de 6%.

DE QUANTO PRECISO PARA ME APOSENTAR?

IMAGINE COMO VOCÊ QUER VIVER DEPOIS DE APOSENTADO

Este é o ponto de partida. Você continuará trabalhando? Deseja morar na mesma cidade? Morar no exterior está nos seus planos? Quer se dedicar a algum hobby? Iniciar uma nova carreira?

Enfim, é preciso saber que **estilo de vida quer ter** para começar a dimensionar quais as fontes de renda você terá e, principalmente, qual será o seu padrão de gastos.

É claro que, quanto mais distante você estiver da aposentadoria, mais difícil parecerá construir esse cenário. Mas relaxe. Ao longo dos anos, você poderá ir adaptando esse cenário para o formato que melhor se encaixar ao seu perfil conforme for se aproximando a data da aposentadoria — ou o momento da virada da sua vida, que poderá, inclusive, ser antes dos 60 ou 65 anos, idade da aposentadoria oficial e que é estabelecida como compulsória em muitas empresas para aposentar seus executivos.

No passado, os analistas diziam que uma pessoa precisaria ter de 70 a 80% da renda que estivesse recebendo às vésperas da aposentadoria para cobrir seu orçamento depois de aposentada, mantendo o mesmo padrão de vida.

Era uma época em que se esperava que aos 70 anos você estivesse quietinho em casa esperando a visita dos netos. Hoje é mais fácil encontrar os avós no show dos Rolling Stones. Afinal, aqueles setentões se requebrando no palco deixam claro que não se faz mais avós como antigamente. E os ingressos para os shows de rock não são baratos.

No século do aumento da expectativa de vida, essa regra é bastante duvidosa. Algumas pesquisas mostram até mesmo que você precisará de mais dinheiro na aposentadoria do que quando estava no mercado de trabalho. E por quê?

> Porque você não terá mais o patrão pagando seu plano de saúde, e essa despesa terá um peso enorme no seu orçamento;

> Porque talvez seus filhos ainda estejam morando com você, visto que neste século 21 as crianças estão demorando mais a deixar a casa dos pais e a entrar no mercado de trabalho;

> Porque você estará muito jovem e vai querer viajar e se divertir. Ao contrário de seus avós, você não vai querer "vestir o pijama", expressão muito usada no passado para quem se aposentava.

FATO

Pesquisas mostram que poucas pessoas já fizeram o cálculo de quanto precisarão na aposentadoria. Não apenas no Brasil, mas mesmo em economias desenvolvidas, como a americana, a educação previdenciária ainda está longe de atingir um percentual que deixe governos e famílias tranquilos em relação ao futuro.

RECEITAS MENSAIS

Benefícios do INSS, benefícios de previdência privada, benefícios de fundo de pensão, aluguel de imóveis, trabalhos extras, outros.

Total de receitas (A)

DESPESAS MENSAIS

- **DESPESAS DOMÉSTICAS:** condomínio, alimentação, empregados, luz, água, telefone.
- **DESPESAS COM SAÚDE:** seguro-saúde, remédios, tratamentos periódicos, tratamentos especiais.
- **DESPESAS COM ENTRETENIMENTO:** viagens, hobbies.
- **OUTROS**

Total de despesas (B)

Parcela mensal complementar necessária por meio de meus próprios investimentos (C)

B - A = C =

TABELAS PARA CÁLCULOS Receber aposentadoria:até 90 anos

Idade da aposenta-doria	Fator 1		Anos até a aposenta-doria	Fator 2	
	Juros 6 % aa	Juros 4 % aa		Juros 6 % aa	Juros 4 % aa
55	179,58	228,80	4	54,19	52,06
56	177,97	225,69	6	86,40	81,31
57	176,26	222,46	8	122,60	112,95
58	174,45	219,10	10	163,26	147,18
59	172,53	215,61	12	208,96	184,19
60	170,50	211,97	14	260,30	224,23
61	168,34	208,19	16	317,99	267,53
62	166,06	204,26	18	382,81	314,37
63	163,63	200,18	20	455,65	365,03
64	161,06	195,92	22	537,48	419,83
65	158,34	191,50	24	629,43	479,09
66	155,46	186,90	26	732,74	543,19
67	152,40	182,12	28	848,83	612,52
68	149,15	177,15	30	979,26	687,51
69	145,72	171,98	32	1125,81	768,62
70	142,07	166,60	34	1290,48	856,35
71	138,21	161,00	36	1475,49	951,23
72	134,12	155,18	38	1683,38	1053,86
73	129,78	149,13	40	1916,96	1164,86
74	125,18	142,84	42	2179,42	1284,92
75	120,30	136,29	44	2474,31	1414,78

Quanto você deve acumular no total para a sua aposentadoria (D):

C x Fator 1 = D =

Quanto você ainda deve investir mensalmente para a sua aposentadoria (E):

D / Fator 2 = E =

ONDE VOCÊ ESTÁ E AONDE QUER CHEGAR?

ESSE É O PRINCÍPIO BÁSICO PARA TRAÇAR QUALQUER TIPO DE INVESTIMENTO, EM ESPECIAL OS DE LONGO PRAZO, COMO A PREVIDÊNCIA

Faça um inventário de sua vida financeira

> Comece calculando quanto você gasta todo mês e com o que está gastando o seu dinheiro. Depois faça uma avaliação do seu patrimônio líquido, que é o quanto você tem em aplicações financeiras e bens e o quanto você tem de dívidas.

Cheque suas apólices de seguro

> Certifique-se do quanto você, sua família e seu patrimônio estão protegidos de eventuais transtornos que possam ocorrer no meio do caminho. Seja bem criterioso. Se comprado corretamente, o seguro deve ser encarado como um investimento e não apenas despesa, pois protege seu patrimônio e sua família. Seguro-saúde é o exemplo mais clássico. Mas é importante avaliar todos os outros riscos a que você está exposto.

Escreva seus objetivos de investimento

> Não se esqueça de que ao longo do tempo em que estiver guardando dinheiro para a sua aposentadoria você também comprará sua casa, viajará, pagará a escola dos seus filhos e estabelecerá várias outras metas de consumo. Escreva todas elas e, principalmente, o prazo de investimento para cada uma. Só dessa forma você conseguirá saber qual a melhor aplicação para cada meta.

Imagine uma aposentadoria perfeita

> Provavelmente você vai querer trabalhar? Claro, um trabalho diferente, uma nova carreira, abrir o próprio negócio... Não importa, planeje tudo: onde quer viver e que estilo de vida quer levar. Tudo isso deve estar contabilizado para que você não tenha surpresas desagradáveis no futuro.

Acompanhe de perto a evolução da sua carteira

> Não adianta fazer investimentos e simplesmente se esquecer deles só porque são de longo prazo. Ao contrário: mesmo que só utilize esse dinheiro em 10, 20 anos ou mais, é fundamental que você faça uma checagem periódica. Não estou dizendo para ficar pulando de uma aplicação para outra a qualquer momento, mas é fundamental você acompanhar a evolução das suas aplicações para saber o risco que está correndo e aproveitar oportunidades de mercado que sempre aparecem para investidores de longo prazo, que podem tomar mais risco.

Troque suas aplicações sempre que necessário

> Mas somente se for realmente necessário. O retorno de suas aplicações está abaixo da média de mercado? Por que isso ocorre? O gestor de sua carteira está com uma performance ruim ou você está em investimentos errados. Entenda primeiro os motivos pelos quais os rendimentos não estão satisfatórios para só então trocar de aplicação, se necessário.

O QUE FAZER PARA ME APOSENTAR COMO UM MILIONÁRIO?

TER MUITA DISCIPLINA NA ACUMULAÇÃO DE CAPITAL

Talvez você não precise ter muitos milhões para se aposentar. É provável que, para manter o seu padrão de vida, ter uma aposentadoria confortável e viver com o suficiente para aproveitar esses anos com mais tempo livre, seja necessário bem menos do que alcança sua imaginação.

No entanto, nada impede que sua meta seja ficar milionário, o que certamente vai exigir que você faça um **esforço de poupança maior** no período de acumulação de capital. Em outras palavras, é essencial ter determinação para economizar e muita disciplina para buscar a informação correta e acompanhar as suas aplicações periodicamente.

Note que, se iniciar seu programa de investimento para a **aposentadoria ainda jovem, o esforço será menor**.

Isso porque terá as taxas compostas trabalhando a seu favor e ainda poderá colocar uma parcela maior da sua carteira em aplicações de maior risco.

APOSENTADO E MILIONÁRIO
Idade da aposentadoria: 60 anos
Para acumular um patrimônio de: 1 milhão

Idade atual	Taxa de retorno		
	4%	6%	8%
	Contribuições mensais		
25	R$ 1.107,59	R$ 724,49	R$ 463,75
30	R$ 1.454,52	R$ 1.021,18	R$ 705,41
35	R$ 1.958,81	R$ 1.471,50	R$ 1.093,09
40	R$ 2.739,48	R$ 2.194,69	R$ 1.746,24
45	R$ 4.074,02	R$ 3.468,51	R$ 2.943,09
50	R$ 6.794,58	R$ 6.125,04	R$ 5.516,23

Fonte: A,R&D Finanças Pessoais.

Você se vê como milionário?
Visualize como seria sua vida e desenhe aqui.

QUAIS SERÃO MINHAS FONTES DE RECEITA NA APOSENTADORIA?

INSS, PENSÃO, DIVIDENDOS, ALUGUEL, APLICAÇÕES FINANCEIRAS E ATÉ MESMO TRABALHO REMUNERADO

Você tem uma fonte primária, que é a aposentadoria oficial. Mas, quanto maior for sua receita às vésperas da aposentadoria, mais **você precisará de uma complementação de renda**. Isso porque a aposentadoria oficial tem um teto (veja mais no capítulo 3), e, se você ganha mais do que o teto, terá que complementar essa diferença com as suas economias.

Esse adicional poderá vir de várias fontes, como aluguel de imóveis, ganho com dividendos ou juros de alguma aplicação financeira, por exemplo.

Mas, independentemente de adotar qualquer uma dessas alternativas, você terá que ter um plano de previdência, aberta ou fechada. Na escala da construção de um patrimônio para a aposentadoria, coloque primeiro o INSS, na sequência uma forma de previdência complementar e por fim outras aplicações ou investimentos, como imóveis, por exemplo.

Por quê? Porque os planos de previdência complementar fechados (fundos de pensão) ou abertos (PGBL e VGBL) têm ganhos fiscais que não podem ser desprezados, principalmente quando se investe em longo prazo.

No caso dos fundos de pensão e dos PGBLs, a dedução das aplicações no IR é de até 12% de sua renda tributável. Já no caso dos VGBLs, diferentemente dos fundos de investimento tradicionais, eles não têm a incidência de tributação semestral, o chamado "come-cotas", o que ajuda a **engordar sua aplicação** (veja mais informações nos capítulos 4, 5 e 6 deste guia).

ALUGUEL

Contar com a receita de um aluguel como parte da complementação de sua aposentadoria pode ajudar, mas não é a forma mais eficiente, como asseguram os analistas de investimento. Isso porque um imóvel requer cuidados periódicos, como reformas, para manter seu valor de mercado. Além disso, é importante observar que o seu rendimento será negativo quando o imóvel estiver desocupado, pois, nesse caso, você ainda terá despesas como taxa de condomínio e IPTU.

COMO ME PLANEJAR DOS 20 AOS 30 ANOS DE IDADE?

COM UM POUCO DE DISCIPLINA, PORQUE O TEMPO ESTÁ A SEU FAVOR E O MAIOR ESFORÇO SERÁ FEITO PELAS TAXAS COMPOSTAS

Explico melhor. **O tempo é o principal ingrediente** para que as taxas compostas façam maravilhas com suas poucas economias. São elas as grandes aliadas num processo de acumulação de patrimônio de longo prazo. E, embora tenhamos aprendido sobre o efeito dos juros sobre juros na escola, pouco prestamos atenção a eles no nosso dia a dia.

Por isso, o tempo é seu maior aliado nessa faixa etária. No entanto, **ele também é seu maior adversário**.

Por quê? Porque, aos 20 anos, você imagina tudo, menos que vá envelhecer. Daí uma enorme dificuldade em manter a disciplina de guardar dinheiro mensalmente para um objetivo que está 40 anos à sua frente.

Como ainda tem muito tempo e não se imagina envelhecendo, você estará sempre seduzido a deixar para mais tarde o início do seu programa de investimentos para a complementação da aposentadoria.

Afinal, você está entrando no mercado de trabalho agora e vem a mulher da TV e do rádio (eu) lembrar que você um dia vai parar de trabalhar. Fala sério!

Sério, se tudo der certo, é exatamente assim que acontece. Ok, neste século do aumento da expectativa de vida talvez você nunca pare de trabalhar, mas tenha certeza de que seu ritmo será muito diferente com o avanço da idade. E pode apostar: **viver muito custa caro**.

A boa notícia é que, **com o tempo, mesmo pequenas quantias fazem grande diferença**. Observe a tabela. O investidor que começou a fazer suas aplicações aos 20 anos de idade precisou fazer depósitos mensais que são 49% menores do que aquele que começou aos 30 anos e 76% menores do que o investidor que começou a pensar na aposentadoria aos 40.

ESFORÇO MENOR

Taxa real de retorno (aa): 6% / Idade da aposentadoria: 60
Preíodo de recebimento (anos): 20 / Renda mensal desejada: 5.000

Idade atual	Contribuições mensais
20	R$ 370,57
30	R$ 725,41
40	R$ 1.559,02

Fonte: A,R&D Finanças Pessoais.

ARROJADO

Por ter muito tempo para se aposentar, você poderá ser mais arrojado em suas aplicações, buscando mercados de maior risco, mas também com maior potencial de retorno no longo prazo, como o de ações. Como ainda é jovem, você terá tempo para recuperar eventuais perdas em caso de crises que afetem o mercado de ações. Aliás, as crises poderão ser uma boa oportunidade para você fazer bons investimentos de longo prazo — nas crises, é normal que os ativos fiquem mais baratos. No capítulo 8, você terá mais informações sobre essas oportunidades.

TENHO 23 ANOS, COMO POSSO MONTAR UMA RESERVA PARA O FUTURO?

COMECE SE INSCREVENDO NO INSS

Este é o primeiro pilar. Mesmo que você esteja fora do mercado de trabalho ou fazendo trabalhos temporários, é possível regularizar sua situação com o INSS (veja mais no capítulo 3 deste guia).

Feito isso, o segundo passo é começar a **construir aos poucos um patrimônio** que poderá lhe permitir uma liberdade financeira no futuro, o que passou a ser sinônimo de aposentadoria neste século.

Mercado de ações é superindicado nessa fase da vida, desde que você realmente só **aplique o dinheiro** que não vai usar em curto ou médio prazo. Você poderá comprar as ações diretamente, por meio de fundos, de ETF e também por meio de planos de previdência.

Observe que essas formas de investimento não são excludentes. Você poderá ter fatias de sua aplicação em cada um desses mercados. Vamos falar mais sobre o tema nos capítulos 8, 9 e 10 deste guia.

É POSSÍVEL PAGAR INSS PELO TEMPO QUE TRABALHEI COMO ESTAGIÁRIO?

PRIMEIRO RESPONDA: É NECESSÁRIO?

Você só precisará pagar os atrasados se o tempo que falta para completar 60 anos de idade (no caso de mulheres) ou 65 anos (para homens) for inferior a 15 anos. Esse é o mínimo de contribuição exigido pelo INSS para que você se aposente por idade.

Assim, definitivamente, pagar os atrasados não é necessário no seu caso, se você está nos 20 e poucos anos.

Mas vale a pena **começar a contribuir desde já**, porque dessa forma você passa à condição de segurado e pode usufruir de todos os benefícios, além de começar a contabilizar tempo para sua aposentadoria.

Não é preciso contribuir com muito. Contribua pelo mínimo, afinal esse é um período em que a grana está curta. Isso porque no futuro, depois que você já tiver tempo de contribuição ou idade para se aposentar, os cálculos do benefício serão feitos levando em conta a média de 80% das maiores contribuições (veja mais sobre as regras e benefícios do INSS no capítulo 3).

COMO ME PLANEJAR DOS 30 AOS 40 ANOS DE IDADE?

ESSA É UMA FASE DA VIDA NA QUAL SUAS DESPESAS ESTÃO NO AUGE; PORTANTO, MUITA CAUTELA

A melhor maneira de manter em andamento seu programa de investimentos nesse momento é **torná--lo prioridade**. É claro que ainda falta muito para a sua aposentadoria e há necessidades mais urgentes, como comprar uma casa, pagar a escola de seus filhos ou trocar de carro.

Essa talvez seja a fase de sua vida em que a pressão por gastos esteja no ápice, e por isso a atenção tem que ser redobrada.

Não é o caso de você deixar de se divertir, de viajar ou de cuidar da educação de seus filhos. Mas o planejamento deve nortear seus movimentos.

Um segredo vai ajudá-lo na tarefa de manter a disciplina no seu programa de investimentos para alcançar sua liberdade financeira (ou aposentadoria, como queira): **pague primeiramente a você**. Isto é, não espere sobrar dinheiro do orçamento para começar a fazer a sua aplicação. Comece fazendo a aplicação e depois, então, com o que sobrar, faça o seu orçamento.

Assim, você terá que encaixar suas despesas num orçamento menor. Por isso, não aplique muito para não fazer falta, mas **invista sempre**.

PAGUE VOCÊ ANTES

Idade inicial: 30 / Idade final: 60 / Recebimento até: 80

Aplicação mensal	Taxa de retorno		
	4,00%	6,00%	8,00%
200,00	137.502,79	195.851,29	283.522,65
500,00	343.756,98	489.628,23	708.806,62
1.000,00	687.513,96	979.256,46	1.417.613,24
	renda por 20 anos		
200,00	825,37	1.378,53	2.307,63
500,00	2.063,41	3.446,33	5.769,07
1.000,00	4.126,83	6.892,65	11.538,15

Idade inicial: 40 / Idade final: 60 / Recebimento até: 80

Aplicação mensal	Taxa de retorno		
	4,00%	6,00%	8,00%
200,00	73.006,57	91.129,15	114.532,01
500,00	182.516,43	227.822,88	286.330,01
1.000,00	365.032,85	455.645,77	572.660,03
	renda por 20 anos		
200,00	438,22	641,43	932,19
500,00	1.095,56	1.603,57	2.330,48
1.000,00	2.191,12	3.207,14	4.660,96

Fonte: A,R&D Finanças Pessoais.

TENHO 45 ANOS. QUANDO COMPLETAR 60, POSSO PEDIR A MINHA APOSENTADORIA?

PELO INSS, SE JÁ TIVER CUMPRIDO O TEMPO MÍNIMO DE CONTRIBUIÇÃO, SIM

A previdência oficial exige que você cumpra alguns requisitos mínimos para **conseguir o benefício** (veja no capítulo 3 deste guia). Mas, nesse caso, atenção ao fator previdenciário, que reduzirá o valor do seu benefício.

AINDA HÁ TEMPO PARA FAZER MEU PLANEJAMENTO MESMO AOS 50 ANOS DE IDADE?

CLARO, MAS LEMBRE-SE DE QUE AGORA O ESFORÇO É MAIOR E OS CUIDADOS DEVEM SER REDOBRADOS

Diferentemente do que acontecia quando você estava nos seus 20 e poucos anos, agora **o tempo corre contra você**. Mas, ainda assim, é possível traçar uma estratégia bem-sucedida para a sua aposentadoria.

O primeiro passo é regularizar sua situação com o INSS. Quanto tempo você já contribuiu? Agende uma visita a uma agência da previdência para saber como está a sua situação.

Mesmo que nunca tenha contribuído, ainda é possível regularizar a sua situação. Isso porque, para se aposentar por idade, você precisa ter, ao menos, 15 anos de contribuição. Assim, mesmo que comece a contribuir agora, você poderá receber o benefício a partir dos 65 anos de idade, o que definitivamente não é um mau negócio.

Já para a previdência complementar, você terá que fazer um **esforço maior**.

Comece refazendo o seu orçamento. Seja bastante criterioso a fim de conseguir cortar o máximo possível, pois é de lá que sairão os recursos para engordar a sua previdência complementar.

Como você passou todos esses anos gastando 100% de sua receita, precisará fazer um esforço maior agora. Mas tenha certeza de que vale a pena. Principalmente porque não se trata de fazer cortes drásticos ou mudanças radicais no seu estilo de vida, mas de elaborar um rigoroso planejamento.

ONDE ENCONTRAR RECURSOS PARA INICIAR UMA CARTEIRA DE INVESTIMENTOS?

FAÇA UM INVENTÁRIO DE SEU PATRIMÔNIO. VOCÊ PODERÁ SE DESFAZER DE BENS QUE JÁ NÃO SÃO TÃO NECESSÁRIOS E, COM O DINHEIRO, INICIAR UMA CARTEIRA

Caso clássico: a família possui dois, três carros ou até mais e, no entanto, não tem um patrimônio consistente para a aposentadoria. Pois bem, muitas vezes, você descobre que tem muito dinheiro estacionado em sua garagem e nenhum centavo na sua previdência complementar.

Como? Se você contabilizar o valor da venda do carro, mais aplicações mensais correspondentes aos gastos com o veículo, como seguro, IPVA e combustível, poderá ter a agradável surpresa de que será possível ser um milionário na aposentadoria.

VENDENDO SEU CARRO HOJE POR 20.000...

Mais aplicações mensais de	100,00	300,00	500,00
Taxa real de retorno (aa)	6%	6%	6%
Prazo investido (anos)	20	20	20
Você acumulará um total de	R$ 109.707,29	R$ 200.836,44	R$ 291.965,59

QUE POSSIBILITARÁ...

Renda mensal de	R$ 1.203,38	R$ 2.202,98	R$ 3.202,57
Durante um prazo de (anos)	10	10	10

Fonte: A,R&D Finanças Pessoais.

O MEU FGTS PODE AJUDAR NA APOSENTADORIA?

SIM, PRINCIPALMENTE SE VOCÊ NÃO TEM NENHUM CAPITAL ACUMULADO

O Fundo de Garantia por Tempo de Serviço (FGTS) é um dinheiro que você acumula durante o tempo em que está trabalhando pelo regime da CLT, ou seja, com carteira assinada. Se você não utilizou esse dinheiro antes de se aposentar, para comprar um imóvel ou porque foi demitido, então chegou a hora de dispor desses recursos.

Para você que está começando a pensar na aposentadoria apenas aos 50 anos de idade, essa é uma **ajuda providencial**. Por isso, esqueça qualquer outra destinação que poderia dar a esse dinheiro.

A melhor função para ele nesse momento é **garantir a tranquilidade da sua aposentadoria**.

Os recursos poderão servir para criar uma carteira própria de investimentos ou ainda para comprar um plano que garanta a você uma renda vitalícia. Nesse caso, muita atenção com os custos desse plano.

EXTRAS

Bônus e ganhos com trabalhos extras também podem fazer crescer o patrimônio para sua aposentadoria. Não é necessário aplicar integralmente esses recursos, mas invista sempre uma parcela deles.

SEU FGTS PODE RENDER UMA PENSÃO

Retiradas por (anos): 20
Taxa real de retorno (aa): 6%

Montante inicial	Retiradas mensais
100.000,00	R$ 703,87
200.000,00	R$ 1.407,73
300.000,00	R$ 2.111,60

Fonte: A,R&D Finanças Pessoais.

O 13º SALÁRIO PODE AJUDAR NA MINHA APOSENTADORIA?

SIM, PRINCIPALMENTE SE VOCÊ AINDA DISPÕE DE BASTANTE TEMPO PARA ACUMULAÇÃO DE CAPITAL

Como sempre, é necessário que você tenha muita **disciplina e planejamento**. Lembre-se de que estará optando por fazer apenas um depósito anual na carteira para a construção do seu patrimônio para viver depois de aposentado.

Assim, se você falhar em determinado ano, terá de esperar até outro pagamento do 13º salário para fazer o depósito. Sim, nada impede que você faça depósitos ao longo do ano, mas se não conseguiu ter disciplina para fazer isso com dinheiro extra, imagine ao longo do ano, com a pressão dos gastos mensais.

E se você não cumprir o combinado de fazer o aporte em dezembro, deixará de receber não apenas os recursos, mas também os juros sobre juros que irão incidir sobre esse dinheiro ao longo dos anos. Isso não é pouco. Portanto, **não se descuide**.

valor 13º	3 mil	3 mil	3 mil	5 mil	5 mil	5 mil
taxa aa	4,00%	6,00%	8,00%	4,00%	6,00%	8,00%
10 anos	37.459,05	41.914,93	46.936,46	62.431,76	69.858,21	78.227,44
Benefício	2.400,00	2.400,00	2.400,00	4.000,00	4.000,00	4.000,00
Meses	16	18	20	16	18	20
Anos	1,3	1,5	1,7	1,3	1,5	1,7
20 anos	92.907,61	116.978,18	148.268,76	154.846,01	194.963,63	247.114,61
Benefício	2.400,00	2.400,00	2.400,00	4.000,00	4.000,00	4.000,00
Meses	41	53	69	41	53	69
Anos	3,4	4,4	5,7	3,4	4,4	5,7

DEVO PENSAR NA APOSENTADORIA DOS MEUS FILHOS?

NÃO. CONCENTRE-SE NA FORMAÇÃO DOS SEUS FILHOS

Você tem a obrigação de zelar pelo futuro de seus filhos. Mas entenda por **futuro a formação dessa criança** para que ela se transforme num adulto capaz e responsável. Deixe, portanto, para ela a tarefa de cuidar de sua própria aposentadoria. Se você assumir a tarefa, poderá ficar numa situação financeira difícil, pois terá mais um item para colocar no seu rol de investimentos.

Além disso, imagine mais essa prova na maratona financeira que já é a sua vida. Você já economiza para pagar os estudos de seus filhos, comprar sua casa própria, trocar de carro, pagar a viagem de férias de sua família e ter a sua própria aposentadoria.

Se começar a tomar para si a responsabilidade de planejar a vida financeira de seu filho quando adulto, então sobrarão para você poucos recursos. E a sinalização para o seu filho será péssima. Algo do tipo: você não precisa sequer trabalhar porque já crescerá aposentado. Fala sério! É isso mesmo que você quer para ele?

Para o seu filho, o melhor é **aprender com os pais o hábito do planejamento financeiro**. Procure orientá-lo nesse sentido e já o ajudará muito.

O QUE PODE DAR ERRADO?

VOCÊ PODE CHEGAR À APOSENTADORIA SEM TER O SUFICIENTE PARA MANTER SEU PADRÃO DE VIDA

Ninguém acerta sempre. Nem mesmo os mais experientes gestores de recursos conseguem acertar em todas as operações financeiras que fazem. Mas isso não importa. O que você precisa é acertar mais do que errar. Para tanto, seja cuidadoso e, principalmente, aprenda com os erros passados para que eles não voltem a prejudicar seus rendimentos.

ERROS QUE QUALQUER UM PODE COMETER

Não conseguir ter disciplina para guardar o dinheiro da aposentadoria

> Manter a disciplina para depositar regularmente os recursos em sua carteira não é uma tarefa fácil, principalmente quando você está vivendo uma fase cuja pressão por consumo é muito forte.

Deixar-se seduzir por investimentos que prometem ganhos astronômicos com baixo risco

> Muitas pessoas se encantam com propagandas de investimentos exóticos que exibem retornos surpreendentes. Cuidado, se parece muito bom para ser verdade pode ser porque realmente não é verdade. As chances são grandes de ser fraude ou embutir altíssimo risco.

Desistir no meio do caminho

> O insucesso em determinadas aplicações pode levá-lo a renunciar ao seu objetivo, deixando o futuro por conta da sorte.

Concentrar os investimentos numa única aplicação

> A falta de conhecimentos básicos do mercado financeiro pode fazê-lo limitar seus investimentos a uma determinada aplicação e, caso essa opção se revele um desastre, você pode comprometer toda a sua carteira.

Ser excessivamente conservador em suas aplicações

> Aplicações conservadoras tendem a ter rendimentos mais baixos no longo prazo e podem não ser suficientes para fazer crescer seu capital. Caso clássico é a caderneta de poupança: simples, mas com risco de perder para a inflação no longo prazo.

Calcular seu rendimento de forma incorreta

> Não considerar o rendimento real de suas aplicações (ganho acima da inflação) vai deixá-lo sem o parâmetro correto para saber de quanto precisa para atingir seu objetivo.

Entrar em pânico em momentos de crise

> Em momentos de alta do mercado é normal que você se esqueça das épocas de crise, mas esteja certo de que elas existem e, no longo prazo, certamente vão aparecer. O pânico poderá levar você a se desfazer de investimentos de forma precipitada e com isso amargar prejuízos desnecessários.

COMO CORRIGIR O RUMO?

COM PERSEVERANÇA E ANALISANDO OS ERROS PASSADOS

Como você viu, não são poucos os erros que você poderá cometer ao longo do percurso que o separa de sua aposentadoria. Por isso, é fundamental **permanecer sempre atento**. Os erros podem desviá-lo, por determinado período, da rota que o levará à aposentadoria dos seus sonhos, mas o importante é corrigir esses erros quanto antes para que eles não o tirem definitivamente do caminho.

PARA NÃO SAIR DO CAMINHO

Disciplina

> Se você falhar em determinado mês, não desanime. Ao contrário, faça um esforço maior e aplique mais recursos quando fizer o segundo depósito em sua carteira.

Ganhos astronômicos

> Antes de optar por uma aplicação, esteja certo de que conhece o suficiente sobre seus riscos, principalmente se ele sinaliza ganhos exuberantes.

Perseverança

> Uma aplicação malsucedida não deve ser suficiente para tirá-lo da rota de seus investimentos. Quando isso ocorrer, refaça os cálculos dos rendimentos de sua carteira, veja se o seu ganho total no ano vai ficar comprometido e refaça a sua carteira para tentar reverter tal perda no próximo ano. Não é o rendimento no mês ou no ano que vai fazer a diferença. O importante é o rendimento médio, a consistência de resultados.

Diversificação

> Verifique periodicamente se a sua carteira está diversificada de forma eficiente para produzir os resultados que você deseja.

Cautela em excesso

> Reavalie, de tempos em tempos, sua carteira de investimentos. Veja se a parcela de risco está sendo suficiente para incrementar seu patrimônio. Quando se é muito conservador no início do plano de investimento, muitas vezes é necessário aumentar a dosagem de risco das aplicações a fim de obter o rendimento necessário para fazer crescer, no longo prazo, o patrimônio.

Rendimentos

> O rendimento real é o que conta para os seus investimentos. Ou seja, o ganho acima da inflação é que fará o seu patrimônio crescer. Rendimento real negativo, perdendo para a inflação, portanto, não o ajudará em nada no esforço de aumentar seu patrimônio — ao contrário, sequer manterá o poder de compra de suas economias no futuro.

Pânico

> A melhor forma de evitar o pânico no meio das crises é ter feito o "dever de casa" antes de escolher a aplicação. Ou seja, você deve ter certeza de que seu dinheiro está em mãos confiáveis e de que deixou em aplicação de risco apenas a parcela que não compromete sua saúde financeira. Se esse não é o seu caso, você terá de reavaliar toda a sua carteira de investimentos para que possa atravessar futuras crises de maneira confortável.

QUANDO VOCÊ SABE QUE ESTÁ APOSENTADO?

MARINETE VELOSO, a primeira aposentada da montadora francesa Renault no Brasil, conta em tom bem-humorado durante as suas palestras que você descobre que está aposentado quando:

> Enviar uma encomenda pelos Correios passa a ser um dos grandes desafios da sua vida porque você nem desconfia onde fica a agência dos Correios e não conhece o processo.

> A manutenção do carro passa a ser um problema seu.

> Passa a ir à agência do banco e o encaminham à fila da terceira idade.

> Não tem mais ninguém para lembrar os seus compromissos (mas que compromissos mesmo?).

> Você não sabe mais qual o dia da semana porque eles ficam todos muito parecidos.

Marinete diz que procurou se preparar psicologicamente para enfrentar um momento de grande ruptura na vida, que foi o da aposentadoria compulsória. "Mas, apesar de todo o preparo, ela desabou como um raio na minha cabeça. Precisei de alguns meses para começar a organizar minha nova etapa", conta ela.

Um dos grandes desafios que a revolução da longevidade vem provocando está no mundo corporativo. A maioria das empresas tem um limite de idade para que os seus executivos se retirem, a chamada aposentadoria compulsória, ou "expulsória".

A expectativa de vida aumentou. Um executivo de 60 anos de idade ainda tem muito a contribuir, e, o que é mais inquietante, a empresa também precisa dele. No entanto, a regra está aí para ser cumprida, e não há nenhum plano B.

Há casos, inclusive, no setor público, de empresas que estão perdendo a sua memória, pois funcionários mais antigos estão saindo e se desligando completamente da empresa, sem nenhuma contribuição ainda que como consultores ou prestadores de serviço.

Não há uma terceira via a ser desbravada nessa área? Como os profissionais de Recursos Humanos estão lidando com isso? E o executivo, como se vê aos 60 anos de idade? Como iniciar uma nova carreira?

São perguntas para as quais os profissionais da área de Recursos Humanos precisam buscar respostas eficientes, sob pena de terem que ver corporações perderem eficiência, seja por falta de profissionais experientes seja por falta de atrativos, para manter em seus quadros uma dinâmica adequada de promoções e oportunidades que acomodem todas as gerações.

Mas na prática o que ocorre é que poucas empresas estão se preparando para enfrentar esse novo desafio. O comum é encontrar programas com "personal" financeiro e de carreiras que, na melhor das hipóteses, começa a "dar" uma consultoria bancada pela empresa para o executivo que está às vésperas da aposentadoria.

O problema é que, se você passou os últimos 30 anos sem se preparar para esse momento, dificilmente conseguirá resolvê-lo no último momento.

São muitos os desafios. É preciso se preparar, por exemplo, para ter a disciplina de "trabalhar" sem ter um horário ou escritório específico. Sim, boa parte das vezes, você começa uma segunda carreira, mas sem a menor estratégia e preparo. Isso cria alguns problemas, porque afinal é um trabalho, precisa ser remunerado corretamente e, por incrível que pareça, são muitos aqueles que não se sentem à vontade para cobrar pelo serviço prestado.

Portanto, atenção: há questões básicas que você tem que definir antes de se aposentar:

> Quanto vale a sua hora de trabalho?

> Você cobrará como pessoa jurídica? Já escolheu um contador?

> Que tipo de serviço você prestará? Qual a sua expertise?

Um caminho que tem se mostrado eficiente na construção da segunda carreira é o de palestras. É comum ver ex-executivos como palestrantes dividindo as suas experiências na vida corporativa ou mesmo na preparação para se desligarem da empresa.

A verdade é que essas experiências são valiosíssimas e, estando fora da rotina, eles têm a liberdade de falar sobre os erros e acertos durante a sua vida corporativa.

Na palestra de Marinete Veloso, pude ouvir problemas muito além dos financeiros. Ela era uma executiva bem-sucedida, com plano de previdência da empresa e toda a situação com o INSS regular, mas ainda assim não foi fácil fazer a mudança.

Surgem questões práticas como:

> Resgato meu plano de previdência?

> Compro uma renda vitalícia?

> Como tratar da agenda de ofertas de trabalho depois de aposentado?

É necessário pensar em cada uma dessas questões, e para cada caso há uma resposta específica. Daí a importância de ir construindo essa nova etapa aos poucos para não aterrissar despreparado nessa nova fase da sua vida.

"Pode fazer previdência ou outro tipo de investimento. Mas não é só uma questão de investimento, é de cabeça também", resumiu Marinete numa palestra em Recife. A plateia aprovou e partilhou com ela sentimentos semelhantes.

2

INVESTIR É PRECISO...

MESMO QUE POUCO, PORÉM SEMPRE

CONSTRUIR UM PATRIMÔNIO PARA A APOSENTADORIA REQUER TEMPO E DINHEIRO. QUANTO MAIS VOCÊ TIVER DE UM, MENOS PRECISARÁ DO OUTRO

O QUE É SISTEMA DE PREVIDÊNCIA?

É O SISTEMA PELO QUAL VOCÊ TRANSPORTA A SUA RENDA DE HOJE PARA O FUTURO

Quando você era criança, precisava de seus pais para pagar sua alimentação, sua moradia, sua educação etc. Você cresceu, se formou e entrou no mercado de trabalho. Agora, sua renda vem do trabalho.

Mas como será no futuro? Pois bem, o futuro pertence à previdência. É a previdência que vai garantir sua subsistência quando você já não estiver mais trabalhando.

O agente que vai operacionalizar a previdência pode ser público ou privado.

O agente público é o Estado, a chamada previdência social, que assume o papel de **condutor de sua renda até o futuro**.

O agente privado são as companhias seguradoras, os fundos de pensão ou as empresas abertas de previdência complementar.

No Brasil, todos os trabalhadores são obrigados a contribuir para o sistema de previdência social e também têm direito a receber um benefício quando se aposentam.

Mas cada vez mais as pessoas estão **procurando complementar** esse benefício com a previdência privada, já que o valor pago pela previdência social tem um limite, um teto.

O conceito de previdência também está dividido em dois regimes: o de repartição e o de capitalização.

A previdência social brasileira funciona sob o regime de repartição.

QUAL A DIFERENÇA ENTRE REGIME DE REPARTIÇÃO E DE CAPITALIZAÇÃO?

BASICAMENTE, É O MÉTODO PELO QUAL VOCÊ GERA OS RECURSOS PARA O PAGAMENTO DOS BENEFÍCIOS

Pelo **regime de capitalização**, as pessoas que contribuem são as que vão receber o benefício. Já no **de repartição**, não. Quem contribui paga o benefício do outro que está aposentado. Assim, quem trabalha hoje paga quem está aposentado, na esperança de que no futuro as novas gerações de contribuintes façam o mesmo e paguem a sua aposentadoria.

Só tem um problema: você está fazendo um pacto com gerações que ainda nem nasceram. Tudo funciona muito bem quando há um grande número de trabalhadores contribuindo para o sistema. Mas à medida que esse grupo vai ficando escasso, compromete as aposentadorias futuras.

E é assim que essa **relação fica desbalanceada**, seja porque estão nascendo menos pessoas, seja porque as pessoas estão vivendo mais tempo (o que faz aumentar o número de aposentados), seja pelos dois motivos, que é exatamente o que ocorre na maior parte do mundo atualmente.

No Brasil, em 1980, havia 2,84 contribuintes para cada beneficiário. Em 1990, essa proporção caiu para 2 trabalhadores por aposentado e atualmente a relação é de 1,9 para 1.

TRABALHADORES

Regimes de repartição são compatíveis com economias com alta taxa de natalidade — muita gente trabalha e contribui para pagar as pensões dos que estão no topo da pirâmide demográfica.

FATO

O problema da previdência oficial no Brasil é que o regime de repartição foi montado há mais de 50 anos, quando a base da pirâmide demográfica ainda era ampla.

Hoje, as taxas de natalidade e mortalidade já caíram bastante e podem cair ainda mais. Assim, forma-se uma base menor e um topo maior, o que cria um problema para os sistemas de repartição.

COMO FUNCIONA O REGIME DE CAPITALIZAÇÃO?

AS CONTRIBUIÇÕES VÃO PARA UMA CONTA DE INVESTIMENTOS PARA CRESCEREM AO LONGO DO TEMPO

No sistema de capitalização, o trabalhador **contribui no presente para, no futuro, ter dinheiro** para arcar com sua própria aposentadoria. Essas contribuições são investidas e capitalizadas e servem para o pagamento das pensões. Em relação à metodologia adotada para determinar os níveis de contribuição e benefício do trabalhador, o sistema de capitalização pode ser com contribuição definida ou com benefício definido. Os planos mais modernos costumam adotar o sistema de contribuição definida.

COMO INICIAR UMA PREVIDÊNCIA?

PELA PREVIDÊNCIA OFICIAL, O INSS, QUE É A FORMA MAIS BARATA

Não há no mercado privado nenhum plano que ofereça **tantos benefícios a um custo tão baixo quanto a previdência oficial, o INSS**. Daí a importância de se informar melhor sobre esse sistema e regularizar sua situação de segurado. Conheça os detalhes sobre a previdência oficial no próximo capítulo.

Mas a previdência não vai quebrar? Essa é uma pergunta recorrente e uma desculpa frequente para não acertar suas contas com o INSS.

Veja, as contas da previdência são um dos pilares mais importantes das contas públicas e, por isso, o sistema vem passando por reformas que, inclusive, criaram o fator previdenciário. Tudo isso é feito justamente para manter a segurança do sistema.

Se o sistema previdenciário quebra é porque as contas públicas estão em completa desordem e, nesse caso, não será a previdência privada que sobreviverá incólume.

Quando a economia de um país quebra é porque todo o sistema está comprometido.

INVESTIR PARA A APOSENTADORIA É COMPRAR PLANOS DE PREVIDÊNCIA?

É MUITO MAIS DO QUE ISSO. OS PLANOS DE PREVIDÊNCIA CONSTITUEM APENAS UM DOS PILARES

Complementar sua renda na aposentadoria é parte do processo — e, sem dúvida nenhuma, uma parte extremamente relevante, uma vez que depende dela a sua sobrevivência.

No entanto, isso não basta. É preciso **pensar na saúde, no estilo de vida e no próprio trabalho**. Porque, como você já percebeu, a aposentadoria do século 21 não é necessariamente sinônimo de parar de trabalhar.

Para cada uma dessas demandas, é preciso traçar uma estratégia, financeira inclusive.

Para ter **qualidade de vida**, você precisará investir em saúde, mas não só isso. Segundo o médico Alexandre

Kalache, brasileiro que foi diretor do programa de envelhecimento ativo da Organização Mundial da Saúde, **para envelhecer bem você precisa investir em:**

 CAPITAL FINANCEIRO

 CAPITAL FÍSICO E MENTAL
(saúde)

 CAPITAL SOCIAL
(amigos, família e relacionamentos)

 CAPITAL INTELECTUAL
(trabalho, estudos e atualizações)

Por isso, este guia se propõe a trazer informações além da financeira. Não parece muito eficiente se aposentar com rios de dinheiro se a empreitada que enfrentou para construir esse patrimônio drenou sua saúde.

É fundamental ter equilíbrio para preservar o capital nas quatro esferas apontadas por Kalache.

Daí, se você realmente acredita que basta chegar a uma agência bancária, comprar um plano de previdência e sair de lá com a certeza de um futuro tranquilo, as chances são grandes de ter problemas no futuro.

OS VALORES RECEBIDOS DE ALUGUEL SOMADOS A APLICAÇÕES DE R$ 300 MIL SÃO SUFICIENTES PARA O RESTO DA VIDA?

DEPENDE DO ESTILO DE VIDA QUE VOCÊ QUER, DE QUANTOS ANOS VOCÊ TEM E DE COMO ESSE DINHEIRO SERÁ INVESTIDO

Tentar **quantificar seu estilo de vida** depois de aposentado é um desafio, principalmente se você está muito distante desse momento. Mas é preciso. Não há nenhum problema se você mudar esse estilo ao longo do tempo, afinal, aos 40, é normal que você tenha ambições e desejos diferentes do que tinha aos 20 ou aos 30 — da mesma forma, aos 60, véspera da aposentadoria, essas aspirações poderão ser outras.

No entanto, ao ter essa meta clara, e principalmente ao quantificá-la, você saberá de quanto precisará para financiar esse custo ao longo da sua vida de aposentado.

Mas atenção: é um erro comum pensar em colecionar imóveis para viver de aluguel achando que esse é o caminho mais seguro. Vamos falar mais sobre esse tema no capítulo 8.

Note que tanto o dinheiro que você tem investido (no caso os R$ 300 mil) quanto o patrimônio em imóveis **precisam ter um rendimento maior do que a inflação** para que ele não seja tragado pela alta de preços.

FATO

Aposentados que vivem do aluguel de imóveis no centro de São Paulo, por exemplo, experimentaram uma queda real na sua renda ao verem a mudança do centro financeiro para regiões mais novas como Paulista, Faria Lima e outras ao longo dos anos.

A infraestrutura dos imóveis comerciais do Centro antigo não contava com as demandas da atualidade, como suporte para a ampla parafernália tecnológica que os escritórios de hoje necessitam. Assim, os preços dos aluguéis foram caindo ao longo do tempo, e um imóvel que chegou a render 1% de renda mensal para seu proprietário hoje mal chega a 0,5% do valor do imóvel.

Assim, quem tinha toda a sua renda na aposentadoria atrelada a esses aluguéis precisou ajustar seu padrão de vida aos novos valores impostos pela atual configuração imobiliária da cidade.

PLANEJAR É

Criar uma imagem do que você quer e traçar uma rota para chegar até lá. Por isso, na versão digital deste guia, é você quem faz a capa. Nossa sugestão é que você estampe nela a foto da sua meta financeira, seja ela qual for. Há uma planilha ao final do guia que o ajudará a traçar a estratégia para alcançá-la.

QUERO ME APOSENTAR CEDO E COM RENDA DE R$ 10 MIL. COMO FAÇO?

GUARDE MUITO DINHEIRO

Esse é um sonho recorrente. No entanto, atenção, não há mágica nessa seara. A conta é simples: **quanto mais dinheiro você tiver, por mais tempo poderá usufruir dele** ou um montante maior poderá tirar.

Sim, esta é a equação: ou você resgata valores maiores ou resgata valores menores por mais tempo. As duas coisas juntas exigirão um esforço brutal que dificilmente você conseguirá levar a cabo.

Por isso, seja realista e veja realmente o que é melhor para você. Talvez você descubra que quer se "aposentar" cedo, aos 50 anos, por exemplo, mas na verdade não quer parar de trabalhar.

Como?
Você pode optar por um trabalho de meio período ou uma outra atividade que não lhe dê os mesmos padrões de remuneração, mas certamente vai deixá-lo mais feliz.

Dessa forma, você não precisará utilizar o capital que acumulou até os 50 anos, poderá deixá-lo render por mais 10 anos, por exemplo, ainda que sem fazer nenhum aporte adicional.

O simples fato de **deixar o dinheiro aplicado**, rendendo juros sobre juros, já terá um impacto significativo sobre o montante. Ao mesmo tempo, você economizou 10 anos de utilização dos recursos.

ATENÇÃO

Os brasileiros se aposentam em média com 54 anos de idade pelo INSS. Isso porque se aposentam por tempo de contribuição, e não por idade. Essa estratégia — que a princípio pode ser atraente, uma vez que o trabalhador passa a receber uma renda extra e na verdade continua trabalhando — pode se revelar uma armadilha para o futuro. Isso porque, aos 54 anos, ele será mordido pelo fator previdenciário. Hoje, esta será uma grana extra. Mas e no futuro? Seu benefício será menor do que poderia ter sido se você tivesse se aposentado pela idade mínima e não tivesse sofrido a mordida do fator previdenciário.

PARA TER

R$ 10 MIL[1]

POR MÊS VOCÊ PRECISA DE UM CAPITAL ACUMULADO DE:

R$ 1,7 MILHÃO

SE QUISER QUE ELE DURE 20 ANOS.

OU DE

R$ 2,5 MILHÕES

SE QUISER QUE ELE DURE 40 ANOS.

---

[1] Considerando uma taxa média de retorno ao ano de 4%.

MINHA APOSENTADORIA, MEU FGTS E OUTRO INVESTIMENTO SÃO UMA BOA ESTRATÉGIA PARA O FUTURO?

PODEM SER, MAS HÁ OUTRAS VARIÁVEIS QUE VOCÊ PRECISA AVALIAR

O rendimento do FGTS é baixo, e, portanto, se você tiver a oportunidade, resgate-o mesmo antes de se aposentar (é preciso ver as possibilidades estabelecidas em lei no site da CEF – Caixa Econômica Federal[2]). Dessa forma, você terá a oportunidade de **investir esses recursos em aplicações mais rentáveis** até a sua aposentadoria.

Na verdade, você poderá construir um mosaico com diferentes formas de renda, sempre tendo em mente que o ponto de partida é a aposentadoria oficial.

Os planos de previdência devem fazer parte desse mosaico. Se você puder usufruir das vantagens fiscais que oferecem, eles podem agregar muito ao seu patrimônio no longo prazo.

O mercado de ações, títulos do governo, enfim, há hoje no Brasil uma série de instrumentos seguros e rentáveis para levar seu dinheiro até o futuro. Você irá conhecê-los melhor nos próximos capítulos.

O importante é que você busque informações sobre cada um deles e veja o que **melhor se encaixa às suas demandas** específicas.

---

[2] Disponível em: http://www.caixa.gov.br/beneficios-trabalhador/fgts/condicoes-e-documentos-para-saque-do-FGTS/Paginas/default.aspx

ATENÇÃO

Conheça cada um dos investimentos, com foco no risco, no custo e no regime de tributação, antes de colocar a mão no bolso.

Há três pilares importantíssimos na hora de escolher um investimento, principalmente aqueles de longo prazo, como os que irão financiar a sua aposentadoria.

Veja mais sobre esses itens nos capítulos 4, 5 e 8.

QUERO INFORMAÇÕES SOBRE APOSENTADORIA PARA CRIANÇAS. ONDE ENCONTRO?

EM LIVROS, SITES, CORRETORAS, SEGURADORAS, BANCOS E ATÉ MESMO NA ESCOLA

Há um desejo atávico dos pais de investir na aposentadoria dos filhos. É impressionante porque, muitas vezes, esses pais não têm reservas suficientes nem mesmo para as suas próprias aposentadorias.

Ainda assim, pensam primeiro na aposentadoria dos filhos. Há aí um **erro que pode custar muito caro** ao futuro tanto dos pais quanto dos filhos.

Basicamente, a ideia é começar a pagar o INSS para jovens a partir dos 16 anos, idade em que já podem começar a trabalhar. Dessa forma, os pais se adiantam para que os filhos comecem a contabilizar desde cedo as contribuições.

Isso pode até ser eficiente, se ele ou ela se aposentar por idade. Nesse caso, os anos a mais de contribuição favorecem o cálculo do fator previdenciário e isso poderá aumentar o valor do benefício, mas sempre respeitando o teto. Ou seja, se seu filho tiver um emprego cujo salário seja maior do que o teto da previdência, os anos a mais que você contribuiu na prática não terão nenhum efeito e você jogou dinheiro fora.

Nesse caso, portanto, teria sido **melhor se você tivesse investido numa previdência privada, pois os recursos estariam ao alcance da mão de seu filho.**

Sou contra pais investirem para a aposentadoria dos filhos.

O fator previdenciário enterrou de vez a velha manobra que muitos pais fizeram no passado de "empregar" os próprios filhos muito cedo para que estes conseguissem se aposentar aos 45 anos de idade.

Quanto mais cedo uma pessoa se aposentar, maior será a mordida no seu benefício. E mesmo que o fator previdenciário desapareça no futuro, qualquer outra regra que ocupe seu lugar focará sempre em mecanismos que inibam a aposentadoria precoce.

Mas meu ponto não é esse. Sempre que falo com pais sobre esse tema, minha pergunta é: "Você realmente quer que seu filho cresça pensando que já pode se aposentar porque alguém fez o serviço por ele? Você realmente quer correr o risco de que seu filho cresça sabendo **que não precisa correr atrás para construir nada** porque seu futuro já está 'garantido'?".

FATO

Não é o patrimônio financeiro que deixará seus filhos em segurança, mas fundamentalmente o seu legado cultural, familiar e os valores que você transmitirá ao longo da vida e da convivência com as crianças. Por isso, fique mais atento ao tempo que passar ao lado delas e aos exemplos que lhes dará ao longo da vida.

Já o investimento para a aposentadoria é algo com o qual ele mesmo terá que se preocupar.

Mas é claro que você pode fazer investimentos para os seus filhos para outros objetivos, como pagar a faculdade, dar o pontapé inicial na carreira, bancar cursos no exterior, enfim, nada que vá comprometer seu orçamento atual, mas que ainda ajudará seu filho a ter educação financeira.

MINHA FILHA PRECISA DE UMA CASA PRÓPRIA E EU, DE UMA RENDA EXTRA. O QUE FAÇO?

CUIDE PRIMEIRO DA SUA RENDA EXTRA

É sua filha quem tem que se preocupar em traçar uma estratégia para a compra da casa própria. Você até poderá ajudá-la financeiramente, desde que tenha condições para tanto. Mas **primeiro você tem que se preocupar com a sua própria aposentadoria**.

É impressionante a quantidade de mulheres que chegam à terceira idade em risco de pobreza porque abriram mão de seu patrimônio em favor dos filhos. E isso não faz bem nem a elas e nem aos filhos. Ao contrário, pode até mesmo deteriorar esse relacionamento tão precioso.

A aposentadoria é uma fase da vida em que não podemos cometer muitos erros financeiros.

Diga à sua filha que ela tem todo o seu apoio e ajuda, mas não financeira, porque você precisa completar a sua própria renda na aposentadoria. O fato de não depender financeiramente de sua filha já é uma ajuda e tanto, pode apostar.

Experimente dizer a seus filhos que planeja morar com eles no futuro, quando eles tiverem a própria família. Eu posso apostar que eles ficarão mais razoáveis.

Só para brincar um pouco com a sua imaginação, retrate aqui como seria sua vida vivendo na sua própria casa e vivendo com a família de seu filho ou filha. Não se esqueça de que neste segundo desenho é preciso desenhar seu genro ou sua nora.

QUAIS SÃO AS MAIORES AMEAÇAS À MINHA SEGURANÇA FINANCEIRA?

AGIR POR IMPULSO — E NÃO ESTOU FALANDO DE CONSUMO

A impulsividade é associada sempre à imagem de mulheres fazendo compras em shoppings, extasiadas diante de lindas vitrines e incapazes de se controlar com o cartão de crédito.

Mas, acredite, **a impulsividade está por todo lugar, até mesmo na hora de investir**, e não é uma exclusividade do sexo feminino. Homens também cometem erros crassos com dinheiro por conta da impulsividade.

No caso masculino, os erros são muito comuns na hora de investir. Homens tendem a ter **excesso de confiança** e, muitas vezes, agem impulsivamente atrás de ganhos aparentemente fáceis e grandiosos, sem **dar a devida importância ao risco** que eles embutem.

Você pode agir por impulso, por exemplo, quando dá uma ajuda financeira a um parente ou amigo: o efeito é semelhante a estourar o cartão de crédito numa liquidação.

Nos dois casos, **a impulsividade pode levá-lo a fazer gastos desnecessários**. Antes de socorrer financeiramente algum amigo ou parente, por exemplo, é fundamental uma boa conversa para saber se recursos vão ajudar ou atrapalhar a pessoa, levando-a a cavar ainda mais um buraco financeiro do qual nunca conseguirá sair.

Esse desembolso é realmente necessário? Essa é a primeira pergunta a ser feita antes de abrir a carteira em ambos os casos. Há vários outros exemplos rotineiros em que agir por impulso acabará levando-o a situações de risco quando se trata de finanças.

Por isso, **pensar faz toda a diferença**. Creia, você nunca se arrependerá se adiar uma decisão por um ou mais dias apenas porque quis se informar e refletir melhor antes de colocar a mão no bolso.

AS CINCO MAIORES ARMADILHAS PARA A SUA APOSENTADORIA SÃO:

Procrastinação

Adiar o início do planejamento da sua aposentadoria é muito comum. E assim, sempre deixando para amanhã, você se vê às vésperas da aposentadoria sem nunca ter pensando efetivamente no assunto.

Não cuidar da sua saúde

Muitos estudos mostram que não raro as pessoas, principalmente homens, são aposentados compulsoriamente por causa de problemas de saúde. Não dedicar o devido cuidado ao seu corpo e mente é um grande erro, pois a saúde é o seu maior patrimônio em qualquer etapa da vida, mas ganha ainda mais relevância na maturidade.

Entregar o planejamento para outros

Não acompanhar seus investimentos nem participar ativamente da estratégia da construção do seu patrimônio para o futuro é jogar com a sorte. O acompanhamento regular é importante até mesmo para saber se você e seu consultor ou o gestor do plano de previdência estão em sintonia com suas expectativas.

Acreditar que seus filhos cuidarão de tudo

Erro muito comum dos pais, principalmente das mães. Muita atenção a este ponto. Seus filhos terão os próprios desafios para enfrentar.

Esperar sobrar dinheiro para começar a investir

Se você está esperando uma folga no orçamento para começar a investir para a aposentadoria, esqueça. Dificilmente terá sucesso. O melhor é colocar essa aplicação como o primeiro item do seu orçamento.

NÃO É UMA QUESTÃO DE FÉ

Por que mudar as regras que hoje existem para se obter o benefício da aposentadoria.

As regras têm que ser mudadas porque, em um horizonte bem próximo, em termos de previdência (menos de 20 anos), se forem mantidas as regras de hoje, não haverá recursos para pagar os beneficiários do sistema.

E como se pode afirmar isso com tanta certeza? Porque isso não é uma questão de fé, é uma questão matemática. Através da matemática atuarial e de informações a respeito da população – como faixa etária e expectativa de vida –, é possível afirmar, com certeza, que o sistema previdenciário chegará logo ao esgotamento de sua capacidade de pagar benefícios. Isso aconteceu recentemente na Grécia, por exemplo.

Por que é tão difícil fazer essas mudanças? Porque isso mexe com as expectativas de direito das pessoas. Expectativas que são maiores para aqueles que estão prestes a se aposentar segundo as regras atuais.

Há também a possibilidade de se criar injustiças do tipo: ao se fixar uma idade mínima para a aposentadoria, seriam penalizados os mais pobres que precisam começar a trabalhar mais cedo.

Outra questão que se discute é a perda do direito de as mulheres se aposentarem com menos tempo de contribuição ou com uma idade inferior à dos homens. A justificativa da dupla jornada se contrapõe ao fato de as mulheres viverem mais tempo que os homens, onerando ainda mais o sistema.

Há cálculos que mostram que hoje, com a desaceleração da economia, já é preciso recorrer ao Tesouro Nacional para cobrir o déficit da previdência, ou seja, o sistema já está deficitário, e a tendência é piorar.

Que mal há em pedir auxílio ao Tesouro para cobrir o déficit da previdência? É que, com isso, haverá a necessidade de se aumentar a carga tributária, que já é elevada para os padrões de uma economia como a nossa. Desse modo, a inflação aumentaria, impedindo o crescimento da economia, o que tornaria a previdência ainda mais deficitária, dando origem a um círculo vicioso.

Infelizmente, não há outra saída: os representantes dos trabalhadores terão que se sentar à mesa de negociação com o governo, não importa que governo esteja de plantão, e chegar aos termos dessa inevitável reforma, que, com toda certeza, não será a última, visto que a expectativa de vida dos brasileiros não vai parar de crescer. E isso também não é uma questão de fé, mas de ciência.

A reforma da previdência está ocorrendo em todo o mundo. Nota-se uma tendência de os governos garantirem apenas o mínimo de benefícios, ou seja, só o suficiente para a subsistência do trabalhador aposentado.

Paralelamente, esses governos estão procurando formas de expandir o sistema de previdência privada, que será então o responsável por manter a qualidade de vida do trabalhador quando ele se aposentar.

Nesses novos modelos de previdência privada, é você, trabalhador, o principal responsável por garantir sua segurança no futuro. Você passa a contribuir com uma quantia para o seu plano privado de previdência e é a capitalização desses recursos que, no futuro, dirá de quanto será seu benefício.

Daí a importância de se informar, entender todo o processo e acompanhar a evolução de seus investimentos.

3

INSS,
O PRIMEIRO PILAR

A PREVIDÊNCIA SOCIAL BRASILEIRA É BARATA E GENEROSA. MAS PREPARE-SE, POIS HAVERÁ MUDANÇAS

O QUE É A PREVIDÊNCIA OFICIAL?

É O CONJUNTO DE INSTITUIÇÕES ESTATAIS DESTINADAS A PRESTAR ASSISTÊNCIA AOS TRABALHADORES E SUAS FAMÍLIAS

O sistema de previdência social, ou seguro social, de um país é constituído de um programa de pagamentos ao indivíduo ou aos seus dependentes como compensação da perda de capacidade de trabalho, seja por idade, invalidez ou morte. O seguro social tem como função garantir níveis mínimos de rendimentos para os trabalhadores idosos.

No Brasil, a previdência social oficial é executada pelo Instituto Nacional do Seguro Social (INSS), órgão do Ministério do Trabalho e Previdência Social.

O INSS regula e prevê os benefícios para os trabalhadores ou aos seus dependentes.

Quem não exerce atividade remunerada – como uma dona de casa, por exemplo – também pode se inscrever na Previdência e contribuir para ter direito aos seus benefícios. Ela é considerada um segurado facultativo.

Além do Regime Geral de Previdência Social, existem regimes previdenciários especiais, ou regime próprio, que regulam a aposentadoria dos funcionários públicos, civis, federais, estaduais, distritais, municipais e congressistas.

A PREVIDÊNCIA OFICIAL ESTÁ FALIDA?

NÃO, E PROVAVELMENTE NÃO FICARÁ, POIS ANTES HAVERÁ REFORMAS

Esta é uma pergunta recorrente, e deve-se tomar cuidado para não cair em simplificações que induzem a erros que irão provocar danos à sua segurança financeira no futuro. A maior dúvida de quem começa a contribuir para a previdência oficial hoje é saber qual o risco de ficar sem receber no futuro.

Não há esse risco. O benefício da previdência é tão importante que, quando o sistema dá sinais de que caminha para o esgotamento, a própria economia acende os alertas. Portanto, **não há o risco de ficar sem o benefício.**

Futuramente, pode acontecer – e este risco é real – de as regras da previdência ficarem mais duras. E esse é um risco tanto para a previdência social quanto para a previdência complementar.

Daí a importância de se acompanhar a evolução das discussões sobre a reforma da previdência social e também a performance dos seus investimentos da previdência complementar, seja ela aberta ou fechada (ver mais detalhes nos capítulos 5 e 6).

Observe que **a previdência social no Brasil é extremamente generosa com benefícios** que já não se veem mais em economias mais desenvolvidas. E essas condições devem mudar no futuro (veja mais no texto ao final do capítulo).

ATENÇÃO

Mesmo com regras mais duras no futuro, contudo, a previdência oficial sempre será mais competitiva e mais generosa do que a do setor privado. É uma característica da previdência social. No entanto, ela sempre terá um teto que tende a ser cada vez menor. Assim, você terá um limite para contribuição e para usufruir da previdência social.

Ou seja, quanto maior for o seu salário na ativa mais importante será ter uma previdência privada que o ajude a complementar o benefício depois de aposentado, para que seu padrão de vida não caia durante a aposentadoria.

PARA ENTENDER A PREVIDÊNCIA SOCIAL

> Esta será sempre a alternativa mais barata se comparada aos planos privados. E, quanto mais idade você tem, maior a vantagem frente aos planos privados. Veja mais em: **http://letraselucros.com/naaposentadoria_apoio.asp?idMaterial=40**.

> Para se aposentar, será levado em conta a sua idade e o seu tempo de contribuição. Quando você se aposenta por idade, o fator previdenciário não é aplicado para reduzir benefício, mas para aumentar.

> É necessário ter um mínimo de 15 anos de contribuição para se aposentar.

> Os segurados podem ser divididos em três grandes grupos: empregado, contribuinte individual e contribuinte facultativo.

> Os cálculos do benefício são feitos considerando 80% das maiores contribuições.

VALE A PENA CONTRIBUIR PELO TETO?

SIM, DADO QUE A PREVIDÊNCIA OFICIAL É MAIS BARATA DO QUE A QUE VOCÊ ENCONTRARÁ NO MERCADO

Sua contribuição dependerá de sua renda. Portanto, mesmo se você for autônomo, terá que observar qual a média de sua renda para pagar as contribuições ao INSS.

Já se você é contribuinte facultativo – ou seja, não é obrigado a contribuir e o está fazendo por vontade própria –, essa é uma alternativa de investimento para a aposentadoria muito interessante e vale a pena, sim, contribuir pelo teto.

Mas faça isso de uma forma planejada. Lembre-se de que 20% do que contribuir servirá apenas para contar o tempo, e não para o cálculo do benefício. Qual seria a melhor estratégia? Contribuir 20% pelo salário mínimo e os outros 80% pelo teto. E se o seu objetivo é maximizar os recursos, **o ideal é se aposentar por idade, pois aí não haverá o fator previdenciário**.

Hoje é difícil alcançar o teto porque a maioria das pessoas, quando consegue se aposentar por tempo de contribuição, o faz com o fator previdenciário. Quem se aposenta pelo teto são pessoas que se aposentam pela idade.

ATENÇÃO

Muitos profissionais autônomos contribuem pelo mínimo mesmo tendo renda superior ao teto. Além de ser uma estratégia pouco eficiente, uma vez que você obtém retorno maior pela previdência oficial, esse procedimento poderá levá-lo a ter problemas com a Receita Federal no futuro.

Lembre-se de que a Receita Federal hoje é responsável pela fiscalização não apenas do que é devido ao Fisco, mas também ao INSS. Ao cruzar dados, a Receita está enxergando profissionais com patrimônio incompatível com a renda com que contribuem para o INSS.

QUANTO DO MEU SALÁRIO VAI PARA O INSS?

DEPENDE DO VALOR DA SUA RENDA. O PERCENTUAL AUMENTA DE ACORDO COM A FAIXA DO SEU SALÁRIO

Há uma alíquota limitada ao teto de 8,9% ou 11%, dependendo do quanto você ganha. Quanto maior a renda, maior a alíquota. Mas observe que o desconto máximo é sobre o valor do teto do benefício.

Uma renda de 10 mil reais, por exemplo, terá uma alíquota de 11% do teto do benefício. O restante, como ele não vai levar para a aposentadoria, então também não contribui.

No caso dos servidores públicos, quem ingressou a partir de fevereiro de 2014 segue as mesmas regras do INSS – e, se quiser ter renda superior ao teto, terá que complementar a sua aposentadoria por meio de contribuições a um fundo de previdência complementar específico.

Já com o servidor público que ingressou antes de fevereiro de 2014 é diferente. Isso porque ele tem garantida a aposentadoria integral – portanto, contribui acima do teto da previdência oficial.

A alíquota para o contribuinte facultativo é de 20% sobre a faixa de benefício que ele quiser receber.

Na página do Ministério do Trabalho e Previdência Social, você encontrará todas as alíquotas aplicadas nas diversas faixas de renda e também para os contribuintes facultativos e microempreendedores individuais (http://www.mtps.gov.br/servicos-do-ministerio/servicos-da-previdencia/mais-procurados/calculo-de-guia-da-previdencia-social-carne/tabela-de-contribuicao-mensal).

O custeio da previdência social vem de contribuições dos trabalhadores segurados, das empresas e do governo federal. As contribuições dos trabalhadores são incidentes sobre a folha de salários; as das empresas, sobre o lucro e o faturamento. O governo entra com a quantia estabelecida para esse fim no orçamento e com a receita obtida em concursos de prognósticos (loterias operadas pela Caixa Econômica Federal).

A União também é uma espécie de fiadora da previdência social, e sempre que os recursos não bastarem para o pagamento dos benefícios, a União entrará com o que falta.

SOU EMPRESÁRIO

Uma dúvida comum é de proprietários de empresas que querem saber o percentual que têm que recolher. Neste caso, a empresa deve descontar 11% do pró-labore dele e recolher outros 20% a título de contribuição patronal, tal qual dos seus empregados.

Para quem é autônomo e presta serviços a pessoas físicas, ele próprio deve recolher, e a alíquota é 20%. Para o autônomo que presta serviço a empresas, a própria empresa é que recolhe, tal qual ocorre com os empresários, e as alíquotas são as mesmas: desconto de 11% do valor dos serviços prestados mais 20% pago pela empresa.

CONSEGUIREI VIVER COM A PENSÃO DO INSS?

QUANTO MAIOR O SEU SALÁRIO ATUAL, MAIS VOCÊ PRECISARÁ DE UMA COMPLEMENTAÇÃO DA SUA APOSENTADORIA

O governo estipula um teto para o pagamento de benefícios. Não importa o quanto você contribuiu, sua pensão nunca ultrapassará o teto. E muita atenção, porque, com a reforma da previdência, a tendência é que esse teto seja cada vez menor.

A previdência oficial no mundo todo caminha para uma configuração que garante o mínimo necessário para que as pessoas possam sobreviver na velhice, mas não se compromete a entregar o mesmo padrão de vida.

Assim, quanto maior a diferença entre o que você ganha e o teto da previdência, maior será a necessidade de ter uma previdência complementar para garantir a manutenção do seu padrão de vida mesmo depois de aposentado.

A PREVIDÊNCIA COMPLEMENTAR PODERÁ SER FEITA POR UMA DESTAS ALTERNATIVAS OU A COMBINAÇÃO DELAS, COMO VOCÊ VERÁ AO LONGO DESTE GUIA:

> Planos de previdência abertos, como PGBL e VGBL, disponíveis a qualquer pessoa que queira fazer uma reserva para o futuro.

> Planos de previdência fechados para aqueles trabalhadores que podem acessar esse benefício.

> Carteira própria de investimentos, combinando aplicações financeiras, investimentos em imóveis e outros.

O QUE É FATOR PREVIDENCIÁRIO?

É O FATOR QUE LEVA EM CONSIDERAÇÃO A EXPECTATIVA DE VIDA DO TRABALHADOR NO CÁLCULO DO BENEFÍCIO

A conta do fator previdenciário não é simples, mas é possível explicar de onde vem o cálculo. **É uma fórmula que leva em conta o tempo de contribuição**, a sua idade e a sua expectativa de sobrevida com aquela idade. Então, quanto mais tempo você contribuir, menor será a redução que o fator vai acarretar, e quanto mais idade você tiver quando se aposentar, menos o fator o prejudicará. E ele poderá inclusive contribuir para aumentar o benefício.

O fator previdenciário tanto pode ser menor do que 1 como maior do que 1. Uma pessoa que se aposentar com fator 1,4, por exemplo, significa que o benefício aumentará 40%, sempre respeitando o teto. Para isso, seria necessário, por exemplo, se aposentar aos 67 anos com 42 anos de contribuição. O benefício, ao invés de reduzir, aumenta em função do fator previdenciário.

O fator previdenciário aumenta em torno de 6% a cada ano que você adia sua aposentadoria. Um ano a mais de idade com contribuição dá um ganho de 6%.

Considere dois trabalhadores com a mesma história de contribuição, ou seja, que contribuíram para a previdência o mesmo número de anos. Mas, ao se aposentar, um deles tem 50 anos de idade e o outro, 60. A expectativa de vida do primeiro trabalhador é maior do que a do segundo.

Pode até mesmo ser que as projeções não se confirmem, mas o fator previdenciário considera que a previdência gastará mais recursos pagando o primeiro, que é mais novo e, portanto, tem chances de viver mais tempo do que o segundo, que é 10 anos mais velho.

Como irá receber da previdência durante mais tempo, o primeiro trabalhador terá um benefício menor, estabelecido pelo fator previdenciário. Isso tem o objetivo de equilibrar os recursos que serão desembolsados para mantê-lo.

CRITÉRIOS ATUARIAIS

São critérios utilizados para calcular seguros e valores de aposentadoria porque estão ancorados em dados estatísticos e de probabilidades, necessários para se estabelecer a contribuição suficiente do segurado sem comprometer a liquidez do sistema.

Dessa forma, o fator previdenciário cria, pela primeira vez na história da previdência brasileira, **critérios atuariais** no cálculo do benefício.

ATENÇÃO

O fator previdenciário foi criado para desestimular as aposentadorias precoces, pois beneficia quem se aposenta mais tarde.

É importante observar o teto do benefício do INSS. Mesmo adiando sua aposentadoria ao máximo, você nunca ultrapassará o limite estipulado pelo governo.

ESTRATÉGIA

Para um contribuinte facultativo, por exemplo, pode ser uma estratégia não contribuir pelo teto, porque teria um impacto grande no orçamento, mas adiar ao máximo a aposentadoria. Assim, ao se aposentar com mais idade, ele conseguirá aumentar o benefício.

O QUE É A REFORMA DA PREVIDÊNCIA?

SÃO MUDANÇAS QUE DEVEM PASSAR PELO CONGRESSO NACIONAL PARA GARANTIR A SUSTENTABILIDADE DA PREVIDÊNCIA

O objetivo da reforma da previdência é garantir a solvência do sistema, vinculando cada vez mais a contribuição ao pagamento do benefício.

Um dos pontos centrais da reforma é acabar com a aposentadoria por tempo de contribuição e sua substituição pela idade mínima.

O Brasil ainda é um dos raros países a oferecer aposentadoria por tempo de contribuição sem exigir uma idade mínima.

Um trabalho do Instituto de Pesquisa Econômica Aplicada (Ipea) mostra que 64% dos homens e 72% das mulheres no Brasil se aposentaram com 55 anos de idade. Esse dado poderia representar um padrão extremamente precoce de inatividade da força de trabalho. Mas, na verdade, conforme concluíram os estudiosos do Ipea, grande parte desses aposentados utiliza o benefício da previdência como complementação de renda e continuam trabalhando.

COMO FICAM OS MEUS DIREITOS SE HOUVER UMA REFORMA DA PREVIDÊNCIA?

SÓ OS TRABALHADORES QUE SE APOSENTAREM DEPOIS DA REFORMA É QUE ESTARÃO INCLUÍDOS NAS NOVAS REGRAS DA PREVIDÊNCIA

As novas medidas, quando aprovadas, só terão efeitos significativos a médio e longo prazos e serão preservados os direitos adquiridos. A estratégia não é de ruptura radical, daí a necessidade de que as **mudanças sejam feitas de forma planejada**.

Se a reforma não for feita enquanto o país desfruta do chamado bônus demográfico (quando o número de pessoas trabalhando é maior do que a soma de crianças e aposentados), a crise na previdência se aprofundará, comprometendo as contas públicas, e aí as mudanças terão que ser feitas de forma radical.

Nos anos 1990, o país passou por uma experiência amarga que deixou traumas até hoje por conta da **criação do fator previdenciário**. Muitos trabalhadores se sentiram lesados porque esperavam se aposentar por tempo de contribuição sem ter redução no seu benefício. A criação do fator, entretanto, não poupou ninguém.

A medida foi necessária, no entanto, para desestimular as aposentadorias precoces e garantir a solvência do sistema.

FALTAM QUATRO ANOS PARA EU COMPLETAR A APOSENTADORIA POR TEMPO DE CONTRIBUIÇÃO. RECEBEREI PELO TETO?

DEPENDE DA SUA CONTRIBUIÇÃO E DA SUA IDADE

A fórmula do cálculo do benefício é um item que não deve mudar com a reforma. Hoje, o cálculo é feito com base na média de 80% das maiores contribuições.

Mas mesmo que ocorram mudanças nessa fórmula, **o benefício dependerá sempre do valor de suas contribuições e da sua idade na aposentadoria**.

Atualmente é muito difícil alcançar o teto do benefício para aqueles que se aposentam com base no tempo de contribuição. Isso porque, mesmo nas regras atuais, que leva em conta a soma de sua idade e do tempo de contribuição, o fator previdenciário incidirá sobre quem não alcançar um mínimo estabelecido.

POSSO CONTRIBUIR COM O INSS DURANTE O TEMPO EM QUE ESTIVER MORANDO FORA DO PAÍS?

PRIMEIRO VEJA SE O PAÍS EM QUE VOCÊ MORA TEM ACORDO COM O BRASIL

Segundo o Ministério das Relações Exteriores, atualmente, cerca de 3,123 milhões de brasileiros moram fora do país. Para atender esses cidadãos, o Brasil possui **acordos bilaterais de Previdência Social** em vigência em 13 países e dois multilaterais (Mercosul e comunidade ibero-americana). Outros acordos estão em andamento, e na página do ministério – www.mtps.gov.br – você poderá acompanhar as notícias sobre os acordos atuais e os futuros.

Por meio desses acordos, você poderá contabilizar o tempo que trabalhou no Brasil ou em um desses países para se aposentar. Você também poderá escolher em qual dos dois países quer se aposentar.

Para quem mora em um país que ainda não tem acordo previdenciário, o melhor caminho é **pagar a previdência no Brasil como facultativo** durante esse período. Assim, você não perde esse tempo na contabilidade do tempo de contribuição.

PAGO OS ATRASADOS?

Para aqueles que não pagaram o INSS enquanto estiveram fora, é necessário primeiro calcular quantos anos faltam para se aposentar.

A decisão de pagar os atrasados deve sempre considerar a sua idade atual. Isso porque, se você já tiver completado os 15 anos de contribuição exigidos como carência para ter direito à aposentadoria (ou completará quando chegar à idade em que for se aposentar), não será necessário pagar os atrasados.

A EMPRESA DEIXOU DE DEPOSITAR MEU INSS. ISSO PODE ATRASAR A APOSENTADORIA?

NÃO, MAS SERÁ NECESSÁRIO COMPROVAR O VÍNCULO E O VALOR DO SALÁRIO JUNTO AO INSS

Você não tem culpa se o seu empregador não recolheu. A Receita Federal é que tem que fiscalizar. O empregado não pode ser prejudicado por um problema do empregador.

Observe que a empresa tem que informar mensalmente que pagou o FGTS e a previdência por meio da guia de informações de FGTS e previdência. O recolhimento em si é feito por outra guia que é a GPS. Se ela forneceu a informação, nenhum problema para o trabalhador. Porque, quando essa informação chega ao INSS, ela vai para o cadastro de informações sociais, onde está todo o histórico de contribuição do trabalhador ao longo da vida, toda a sua vida laboral.

Agora, se ela não informou, o INSS não vai saber que ele trabalhou nem quanto era o salário dele. O trabalhador então terá que ir ao INSS levar a carteira de trabalho, comprovar que estava trabalhando e qual era o salário dele naquele período.

ATENÇÃO

No caso do trabalhador que está numa empresa que apresenta sinais de problemas ou perspectiva de falência, é importantíssimo que ele verifique essas informações na internet. Para tanto, é necessário agendar uma ida a um posto do INSS, pelo telefone 135, e retirar uma senha para consultas na internet.

A APOSENTADORIA DO MEU PAI FOI NEGADA. O QUE ELE DEVE FAZER?

CONHEÇA QUAIS OS MOTIVOS PARA QUE UM BENEFÍCIO TENHA SIDO NEGADO

O INSS tem alguns requisitos mínimos, como tempo de carência, por exemplo, que devem ser cumpridos para que a aposentadoria seja liberada. É importante se manter vigilante a essas condições.

POR QUE UMA APOSENTADORIA É NEGADA?

Se ele procurou uma aposentadoria por tempo de contribuição

> Se ele não tem os 35 anos de contribuição, não tem direito. Não é raro que uma empresa deixe de informar ao INSS as contribuições feitas pelo trabalhador. Quando isso ocorre, pode dar problemas e ser uma das causas de ter a aposentadoria negada. Porque, para efeitos da previdência, ele não contribuiu. Então ele tem que levar toda a documentação que comprove a contribuição.

Uma segunda situação que é muito comum: o trabalhador que exerce uma atividade que dá direito à aposentadoria especial

> Como uma siderúrgica. O tempo que você trabalhou conta mais para a aposentadoria, dependendo do tipo de risco. São três tipos de risco. Quanto mais elevado, maior o multiplicador. Mas, ao reconhecer que o seu trabalho é prejudicial à saúde, que você está exposto a um agente nocivo, a empresa terá que pagar um adicional.
>
> O que a empresa faz? Ela faz o PPP – Perfil Profissiográfico Profissional –, informando que cedeu todos os equipamentos de proteção ao trabalhador e, por isso, ele não estava exposto a nenhum risco. E essa informação é encaminhada para o INSS.

> **ATENÇÃO**
>
> São três os tipos de risco que podem levar a aposentadorias especiais:
>
> - agentes nocivos físicos
> - químicos
> - biológicos.

É POSSÍVEL TER DUAS APOSENTADORIAS?

NÃO NO MESMO REGIME

É possível ter uma aposentadoria e uma pensão. Mas as duas juntas não podem ultrapassar o teto da previdência. Por exemplo, o aposentado recebe seu próprio benefício e a pensão do cônjuge que faleceu.

Em regimes diferentes, contudo, é possível ter até mais do que duas aposentadorias. Por exemplo, o funcionário público que também trabalha no setor privado. Um caso clássico são os médicos que podem trabalhar num hospital federal, num particular e num municipal, por exemplo.

Mas essa é uma situação que poderá mudar com a reforma da previdência, que tende a reunir todos num único regime.

PERDI O EMPREGO, MAS QUERO CONTINUAR CONTRIBUINDO PARA A APOSENTADORIA.

COMO FAZER?

CONTRIBUA COMO FACULTATIVO

Nessa situação extremamente difícil, você não pode perder de vista a sua aposentadoria, e alguns pontos devem ser observados tanto para manter a sua condição de segurado, como para manter a contagem do tempo de contribuição.

Enquanto você estava empregado, o seu patrão cuidava da contribuição à previdência oficial, tanto a parte de responsabilidade dele quanto a sua parte, que era descontada do seu salário.

Agora é diferente. Se quiser que esse tempo entre nos cálculos de contribuição, terá que arcar com 100% do pagamento.

QUANTO CONTRIBUIR?

Como está desempregado, o melhor é contribuir de maneira facultativa (20%) sobre um salário mínimo. Não se preocupe sobre o impacto no valor do seu benefício futuro. Na hora em que se aposentar, o cálculo do benefício será feito levando em consideração apenas a média de 80% das maiores contribuições. O importante é que você continuará contabilizando o tempo de contribuição.

COMO FAZER?

Vá ao site do Ministério da Previdência e emita, você mesmo, a guia de recolhimento.

MINHA MÃE NÃO TEM REGISTRO NA CARTEIRA. É POSSÍVEL ELA SE APOSENTAR PELO INSS? COMO FAZER?

SIM, DESDE QUE ELA TENHA CONTRIBUÍDO PARA O INSS COMO FACULTATIVO OU AUTÔNOMA

No site **www.letraselucros.com** temos recebido muitas dúvidas de filhos preocupados com a aposentadoria de suas mães. Provavelmente são filhos que fazem parte da chamada '**geração sanduíche**', aquela que, além de cuidar dos filhos, precisa também arcar com as despesas dos pais, principalmente das mães que nunca contribuíram nem para a previdência social nem para a previdência privada.

No entanto, são mães com 60 anos de idade ou mais, ou seja, já tarde para iniciar qualquer tipo de contribuição. Portanto, elas não têm direito ao INSS e, na maior parte dos casos, também não compensa pagar os atrasados.

Mas há a possibilidade de pedir o **benefício assistencial ao idoso**, a Lei Orgânica de Assistência Social (LOAS), que prevê a concessão de um amparo assistencial ao idoso. No entanto, para ter direito ao benefício, é preciso ter 65 anos de idade, tanto o homem quanto a mulher, e não possuir outros rendimentos.

É necessário preencher alguns requisitos para ter direito a esse benefício. A lei exige que o amparo só seja concedido quando a renda familiar, ao ser dividida pelo número de membros da família, não ultrapassar 1/4 do salário mínimo.

PARA REGULARIZAR A SITUAÇÃO DA SUA MÃE NA PREVIDÊNCIA:

> Agende uma visita ao INSS para ver se há registro de alguma contribuição feita em nome dela.

> Faça os cálculos de quanto sairia pagar os atrasados para saber se vale a pena desembolsar esse valor.

> Se ela ainda está nos seus 50 anos de idade, vale a pena começar a contribuir já, pois assim, ao chegar aos 65 anos de idade, poderá se aposentar, visto que terá cumprido a exigência de contribuição mínima de 15 anos e já terá contabilizado a idade mínima para a aposentadoria.

SOU SERVIDOR PÚBLICO E GOSTARIA DE CONTRIBUIR COM O INSS COMO AUTÔNOMO. É POSSÍVEL?

DEPENDE DE A QUAL REGIME VOCÊ ESTEJA LIGADO E DE SUA ATIVIDADE COMO AUTÔNOMO

Primeiro, é necessário saber em que esfera você trabalha: estadual, federal ou municipal. Observe que nem todos os municípios têm regime próprio de previdência, estando mais de 3.000 municípios no INSS. Mas todos os estados têm regime próprio.

Se você já participa de um regime próprio de previdência, poderá contribuir também para o INSS se tiver alguma atividade como autônomo e receberá duas aposentadorias separadas. Como servidor público, ele não pode contribuir para o INSS como facultativo, apenas como autônomo ou empregado.

Se o município for contribuinte do INSS, vale para ele o mesmo que vale para os empregados da iniciativa privada: ele contribui como autônomo e esse valor será somado à sua aposentadoria do INSS.

COMO RECUPERAR A QUALIDADE DE SEGURADO?

COMEÇANDO A PAGAR JÁ SUA CONTRIBUIÇÃO AO INSS

Se você contribuiu no passado para a previdência social, mas por algum motivo precisou interromper as suas contribuições, perdeu sua condição de segurado, mas não perdeu o tempo de contribuição para a sua aposentadoria.

Ao perder a condição de segurado, o trabalhador deixa de contar com benefícios, como auxílio-doença ou maternidade, por exemplo. No entanto, as contribuições que foram feitas não se perdem e são imediatamente somadas aos cálculos de sua aposentadoria tão logo você retome as contribuições, seja como facultativo ou autônomo ou outra condição.

Para receber outros benefícios, é necessário cumprir um tempo de carência. Veja os detalhes na página do ministério: **www.mtps.gov.br**.

OUTRAS DÚVIDAS RECORRENTES

Vivo no exterior, mas quero voltar a morar no Brasil depois de aposentado. Posso contribuir para a Previdência Social?

Sim. Se você não trabalha e não contribui para a previdência do país em que vive, deve contribuir no Brasil como facultativo.

Sou empreendedor individual, posso contribuir pelo teto?

Não. O empreendedor individual tem a opção de fazer a contribuição mensal reduzida: 5% do salário mínimo. No entanto, estão enquadrados nessa legislação empreendedores com faturamento de até R$ 60 mil ao ano. Isso significa que a sua renda média mensal pode chegar a R$ 5 mil, abaixo do teto do benefício.

Sou sacoleira e declaro Imposto de Renda como isenta. Ainda assim posso contribuir para a previdência?

Sim, pode e deve, pois é uma garantia não só de que terá um rendimento na aposentadoria, mas também de outros benefícios, como salário maternidade, auxílio-doença etc.

Vivo do rendimento de aluguéis. É possível contribuir para a previdência?

Sim. Nesse caso, você contribui como facultativo. Veja, o quanto contribuir dependerá da renda que você quer na aposentadoria. Nesse caso específico, no entanto, lembre-se de que você já tem os aluguéis como complemento da aposentadoria.

Sou empresário e recebo um pró-labore mensal de mais de R$ 5 mil. Contribuo pelo teto ou pelo mínimo?

Pelo teto. O correto é contribuir pelo teto porque seu pró-labore está na faixa mais alta da previdência.

Meu marido está cumprindo pena em um presídio em São Paulo. Posso fazer contribuição para a aposentadoria dele?

> Sim. Nesse caso, ele deverá se cadastrar como contribuinte facultativo.

Posso me aposentar pelo teto pagando pelo piso?

> Não existe essa possibilidade, mas é possível melhorar o benefício se você adiar a aposentadoria para conseguir um fator previdenciário maior do que um.

Se eu contribuir pelo teto nos últimos cinco anos de contribuição, manterei a minha aposentadoria pelo maior valor do benefício?

> Não. Esse é um erro comum, achar que o cálculo do benefício é feito com base nos últimos anos de contribuição.

Para atender o prazo de contribuição, posso antecipar os pagamentos para alcançar 35 anos de contribuição?

> Não é possível pagar antecipado.

É possível acertar contribuições que fiz abaixo do teto do INSS enquanto trabalhei como autônomo?

> Sim, mas não é simples. Você teria que ir ao INSS e levar documentos que comprovem que exerceu uma atividade como autônomo com remuneração maior que a paga. Você pagará juros e multa. Isso poderá ser feito referente aos últimos cinco anos. Antes disso está prescrito.

Para ver outras dúvidas, visite o site
www.letraselucros.com

UMA REFORMA POUCO ENTENDIDA

Sempre que o assunto é reforma da previdência, surge uma artilharia de desaforos. A imagem é: querem acabar com os direitos de velhinhos indefesos.

Mas a verdade é que a reforma é necessária justamente para manter os benefícios daqueles que já estão aposentados e garantir que as futuras gerações tenham condições de ter uma renda na aposentadoria, ainda que não tão generosa como historicamente tem sido a previdência brasileira.

Sim, se comparada à de outros países, a previdência brasileira é uma mãe. A começar pela idade média com que o brasileiro se aposenta: 54 anos. Para se ter uma ideia, nenhum país do mundo gasta com pensões o que gasta o Brasil (3,2% do PIB), mesmo países mais envelhecidos.

Se o Brasil não acertar as contas de sua previdência agora, depois será mais dolorido.

O país ainda vive o chamado bônus demográfico, quando ainda há jovens suficientes para manter o sistema previdenciário. Sim, pelo modelo de repartição, que é o que vivemos, são eles que pagam os benefícios dos aposentados.

O aumento da formalidade no emprego e também a entrada das mulheres no mercado de trabalho aliviaram as contas da previdência no curto prazo. Mas, quando se olha para o futuro, a história é diferente e dramática.

Mas o que seria importante fazer neste momento para tirar essas nuvens escuras do horizonte?

Primeiro é preciso mexer nas pensões, com o fim da integralidade da pensão e o fim da irreversibilidade de cotas.

A pensão hoje é integral seja qual for a quantidade de dependentes que a pessoa tem.

Na Europa, que é o grande exemplo de proteção previdenciária, nenhum país tem pensão integral. Para o servidor público, ela já não é integral para o que excede o teto do regime geral. Se ele recebe, por exemplo, um salário de 10 mil reais, até 4.600 reais a pensão é integral. Nos outros 5.400 ele recebe 70%.

Mas tanto o servidor público como o trabalhador que se aposenta pelo INSS tem a reversão de cotas. E o que é isso?

Se o dependente deixou de ser dependente, a cota dele na pensão deve ser extinta. No Brasil, ela reverte para outros dependentes. A pensão só acaba quando o último dependente morre.

A questão dos benefícios ligados à saúde do trabalhador também tem que ser mais bem administrada. Especificamente o auxílio à doença de longa duração e a aposentadoria por invalidez.

No Brasil, 17% das pessoas se aposentam por invalidez no INSS, mesmo a idade de aposentadoria no Brasil sendo tão baixa. Nos países da União Europeia, em que a idade média de aposentadoria é muito mais alta, o máximo que eles consideram aceitável é 10%. A Grécia tinha 14,5% na época da crise e uma das condições que a União Europeia colocou para dar ajuda àquele país foi reduzir de imediato para 10%.

O que a gente teria que fazer para isso? Melhorar a reabilitação e começar uma integração entre as ações do governo. Atualmente, essa reabilitação está pulverizada em quatro órgãos diferentes.

O terceiro pilar é a aposentadoria por tempo de contribuição. Não se pode permitir que as pessoas se aposentem, em média, com 54 anos de idade, mesmo com o fator previdenciário.

Com essas três medidas, é possível criar um outro cenário para a previdência.

4

PREVIDÊNCIA

COMPLEMENTAR

O QUE FALTA PARA COMPLEMENTAR O SEU PADRÃO DE VIDA NA APOSENTADORIA É SUA RESPONSABILIDADE

O QUE É PREVIDÊNCIA COMPLEMENTAR?

É A PARTE DA PREVIDÊNCIA QUE ESTÁ NO MERCADO E NÃO NO GOVERNO, OU SEJA, A PREVIDÊNCIA PRIVADA

Quando pensa em previdência, você deve dividi-la em dois pilares: o público e o privado. A previdência social (ou oficial), que você já viu no capítulo 3 deste guia, está sob o manto do INSS e é voltada para os trabalhadores da iniciativa privada que estão no regime geral de previdência, ou seja, aqueles que não trabalham no setor público.

E a previdência complementar você vai encontrar por meio dos planos de previdência vendidos por seguradoras (previdência aberta) ou por meio dos fundos de pensão (previdência fechada) ou, ainda, criando você mesmo uma carteira de investimentos cuja meta será complementar os seus rendimentos depois de aposentado.

FACULTATIVO

A previdência complementar é facultativa ou voluntária e está baseada na constituição de reservas que deverão ser utilizadas no futuro para complementar a sua aposentadoria oficial.

PRINCIPAIS CARACTERÍSTICAS:

Previdência social

Mantida pelo Governo Federal

Regime de caixa: ou seja, todas as contribuições arrecadadas são utilizadas para pagar os benefícios daquele mês.

Compulsória: os trabalhadores são obrigados a contribuir.

Teto para o benefício: os benefícios concedidos pelo INSS estão limitados a um valor máximo (teto). Acompanhe esse valor no site da Previdência.

Previdência complementar fechada

Oferecida pelas empresas aos seus empregados ou pelas associações de classe ou profissionais aos seus associados

Regime de capitalização: ou seja, as contribuições são acumuladas formando um fundo individual, a ser utilizado no futuro na forma de benefício.

Voluntária: a inscrição depende da adesão do participante.

Valor do benefício: depende das reservas acumuladas, expectativa de vida e retorno dos investimentos.

Previdência complementar aberta

Comercializada pelas instituições financeiras a qualquer pessoa física, além de empregados de empresas e associados de entidades de classe ou profissionais

Regime de capitalização.

Voluntária.

Valor do benefício: depende das reservas acumuladas, expectativa de vida e retorno dos investimentos.

QUEM PRECISA DE UM PLANO DE PREVIDÊNCIA PRIVADA?

TODO TRABALHADOR QUE TEM UM SALÁRIO ACIMA DO TETO DA PREVIDÊNCIA OFICIAL

Este é o conceito que por anos valeu para a previdência privada ou previdência complementar, que, como o próprio nome já diz, tem a função de **complementar sua renda na aposentadoria**.

Saber então o quanto seria preciso guardar para a aposentadoria era uma matemática simples: bastava subtrair do seu salário o teto da previdência oficial e estava lá o resultado do quanto você deveria perseguir como meta para complementar sua renda. E sempre que recebia aumentos ajustava essa conta.

Mas os tempos são outros. Os planos de previdência no Brasil cresceram e apareceram e **hoje servem para muitas finalidades**, até mesmo complementar sua renda! Esta é só mais uma atribuição que pode ser dada aos planos.

Além disso, na prática, os benefícios concedidos pela previdência oficial são, em média, em valores bem abaixo do teto. Segundo informações da própria Previdência Social (Anuário Estatístico da Previdência Social, 2013, disponível em www.mtps.gov.br), o valor médio da Aposentadoria por Tempo de Contribuição urbana foi de R$ 1.632,07, ou seja, cerca de 35% do teto de benefício.

E calcular quanto será preciso guardar é agora uma tarefa mais complexa. Tudo porque a revolução da longevidade está impondo novas razões para você guardar dinheiro.

QUAIS AS VANTAGENS DOS PLANOS DE PREVIDÊNCIA?

O BENEFÍCIO FISCAL É A GRANDE VANTAGEM DA PREVIDÊNCIA COMPLEMENTAR

As carteiras destinadas à acumulação de recursos para a aposentadoria desfrutam de benefícios fiscais que podem ajudar o seu patrimônio a crescer.

O pagamento de imposto é diferido, ou seja, adiado, porque você só irá pagar quando resgatar a sua aplicação. E se fizer um planejamento fiscal poderá reduzir bastante o custo tributário (veja mais no capítulo 5 deste guia).

Mas os planos de previdência têm ainda outros benefícios além dos fiscais:

Disciplina

A rigor, nada obriga que você faça aportes todo mês, mas a enorme maioria dos planos vendidos tem essa configuração de aplicações mensais – e, pode apostar, você vai encarar esse pagamento como uma prestação. Dessa forma, incluirá o pagamento da aposentadoria no seu orçamento doméstico, o que será de grande valia para a construção do seu patrimônio futuro.

Gestor profissional

Na prática, um plano de previdência é um fundo de investimento, onde um gestor profissional com um time de analistas cuidará das suas aplicações. É ele quem escolherá as melhores ações e/ou os melhores papéis de renda fixa para comprar para a sua carteira de investimento.

Transmissão de patrimônio

Os planos de previdência, em especial os VGBLs, podem ser instrumentos eficientes para a transmissão de patrimônio porque geram uma economia tributária, evitam despesas de processos de inventário e ainda dão liquidez aos herdeiros, pois em geral o processo de liberação dos recursos leva menos de um mês. Note, contudo, que o quinhão por lei destinado a cada herdeiro deve ser respeitado. Recentemente alguns estados, como MG, GO, RJ e CE, estabeleceram a cobrança de tributo sobre os valores e direitos recebidos por beneficiários ou herdeiros, oriundos de planos previdenciários, por conta do falecimento do participante titular do plano. Mesmo nesses casos ainda existem as vantagens de livre indicação dos beneficiários, eliminação das despesas de processos de inventário, agilidade e liquidez aos herdeiros, pois em geral o processo de liberação dos recursos leva menos de um mês.

Blindagem contra dívidas

Outra vantagem de deixar seus recursos para a aposentadoria num plano de previdência é que dessa forma eles ficam blindados em caso de processos de execução de dívidas por credores. No entanto, atenção: essa blindagem só é válida em caso específico de recursos destinados à complementação da aposentadoria. Se for configurado que as aplicações foram feitas apenas para escapar do processo de execução, a blindagem não é válida.

QUAIS AS DESVANTAGENS?

A PRINCIPAL DELAS É O CUSTO

Os planos de previdência vendidos em agências bancárias costumam ter taxas de administração e carregamento muito elevadas.

As taxas cobradas pelos gestores já foram bem maiores, mas ainda são altas se você não fizer uma pesquisa cuidadosa antes de colocar a mão no bolso. Mesmo com o benefício fiscal (veja o capítulo 5), em alguns casos as taxas de administração e carregamento são tão altas que anulam a economia tributária que eles oferecem.

Por isso, o melhor quando for comprar um desses planos é **procurar um corretor especializado**. Além de cotar os planos mais baratos, ele irá auxiliar na compra para o perfil tributário mais adequado às suas necessidades.

O QUE É PGBL?

É O PLANO DE PREVIDÊNCIA ABERTA QUE CONTA COM O BENEFÍCIO FISCAL DE 12%

O Plano Gerador de Benefício Livre (PGBL) foi criado em novembro de 1997 e seguiu o modelo dos planos de previdência mais modernos utilizados em economias mais desenvolvidas, como nos Estados Unidos.

Trata-se de um **plano bastante flexível** no qual você escolhe o valor e a periodicidade da contribuição. Mas o seu maior atrativo é poder deduzir as aplicações do IR a pagar no limite de 12% de sua renda tributável (veja mais no capítulo 5).

Não há também nenhuma penalidade caso você interrompa as suas contribuições.

Na prática, **funciona como um investimento**, no qual você faz aplicações periódicas. Quanto mais disciplinado você conseguir ser e mais regulares forem suas contribuições, melhores serão os resultados.

Você poderá escolher entre os PGBLs mais conservadores (que estão 100% aplicados em títulos públicos federais de renda fixa) ou os mais arrojados (que dedicam parte da carteira a investimentos em ações).

O PGBL é um plano de Contribuição Variável (CV), em que **não há garantia mínima de rentabilidade**, mas a totalidade do retorno obtida com as aplicações financeiras realizadas com suas **contribuições** serve para incrementar o seu patrimônio.

Desde que seja cumprida a **carência**, os resgates nos PGBLs também não sofrem nenhum tipo de penalidade (mas atenção à tributação, que pode ser altíssima dependendo do prazo da aplicação; veja mais no capítulo 5 deste guia).

ATENÇÃO

Você pode e deve acompanhar a rentabilidade do seu plano mensalmente e compará-la com a média do mercado para saber se o seu gestor está fazendo um bom trabalho. Se houver perdas ou o desempenho estiver abaixo da média, não hesite em questionar o seu gestor sobre as razões da baixa ou mesmo da alta performance. Note que se o seu plano estiver com uma rentabilidade muito acima da média é sempre bom saber os motivos e os riscos aos quais a carteira está exposta para alcançar tamanho resultado.

CONTRIBUIÇÕES

Note que, embora não seja aplicada nenhuma penalidade a quem interrompa as contribuições aos planos de previdência, o valor do benefício que você receberá está diretamente relacionado ao total do patrimônio acumulado. Ou seja, se você reduzir o tempo ou o valor de contribuições, isso será refletido no seu benefício futuro.

CARÊNCIA

Fique atento também ao prazo em que não será permitido resgatar. Dependendo do plano, o prazo de carência para o resgate pode variar de, no mínimo, 60 dias a, no máximo, 24 meses a partir da contratação. O resgate parcial é permitido com intervalos entre 60 dias e seis meses. Já para a portabilidade, o período de carência é de 60 dias, igual para todos os planos comercializados no mercado.

PORTABILIDADE

É o direito que você tem de trocar de plano sempre que quiser e sem precisar pagar o imposto na movimentação. Você também poderá trocar de seguradora, se desejar.

O QUE É VGBL?

OUTRA OPÇÃO DE PLANO DE PREVIDÊNCIA ABERTA, VOLTADA PARA AQUELES QUE NÃO USAM O BENEFÍCIO FISCAL DOS 12%

O plano Vida Gerador de Benefício Livre (VGBL) é uma derivação do PGBL e começou a ser colocado no mercado em julho de 2001. Foi confeccionado nos mesmos moldes do PGBL, mas a diferença básica entre os dois planos está relacionada aos benefícios fiscais de cada um deles. Enquanto no PGBL você pode deduzir até 12% da sua renda tributável no ano, no VGBL o investidor não conta com esse benefício.

No entanto, no VGBL o investidor é tributado apenas sobre o ganho de suas aplicações financeiras na hora do resgate do plano ou do recebimento do benefício (veja mais no capítulo 5 deste guia).

Já no PGBL, a tributação é feita sobre todo o valor resgatado.

O QUE SÃO BD, CD E CV?

SÃO OS TIPOS DE PLANO DISPONÍVEIS NA PREVIDÊNCIA COMPLEMENTAR: BENEFÍCIO DEFINIDO (BD), CONTRIBUIÇÃO DEFINIDA (CD) E CONTRIBUIÇÃO VARIÁVEL (CV)

Nos planos de **Benefício Definido (BD)**, o valor do benefício é definido na data da contratação e atualizado monetariamente até a data do recebimento, quando o participante atinge as condições para receber o benefício, como idade, tempo de serviço etc. Essa modalidade de plano está em desuso e deixou de ser comercializada pelas entidades.

Nos planos de **Contribuição Definida (CD),** o que é determinado previamente na contratação é o valor da contribuição, e o valor do benefício depende sempre do saldo acumulado.

Já nos planos de **Contribuição Variável (CV),** modalidade disponível no mercado atualmente, o valor da contribuição é livremente definido pelo participante, que, pode inclusive, fazer aportes adicionais ou suspender as contribuições a qualquer tempo. Nesse tipo de plano, o benefício futuro dependerá também do montante acumulado pelo participante. Os planos PGBL e VGBL disponíveis no mercado mantêm essa modalidade.

A Previdência é dividida em três partes: o **Regime Geral de Previdência Social**, os **Regimes Próprios de Previdência dos Servidores Públicos** e o **Regime de Previdência Complementar**.

No passado, era comum que esses três **regimes** fossem financiados de uma forma muito semelhante, cujo pilar era o regime de caixa. Hoje, apenas o Regime Geral de Previdência Social, o INSS, conserva essa modalidade. Os outros regimes estão migrando para a forma de financiamento via capitalização.

REGIMES DE FINANCIAMENTO

Correspondem ao custeio dos planos de previdência, ou seja, a forma como as contribuições são arrecadadas para garantir o benefício futuro.

Para cada regime de previdência, prevalece um modelo de financiamento.

Veja:

Regime de Repartição

> Esse é o regime adotado pelo INSS, também conhecido como regime de caixa. Nele, as contribuições recolhidas no período são imediatamente utilizadas para pagamento dos benefícios devidos naquele período.

Regime de Capitalização

> Regime obrigatório da previdência complementar. Nesse regime, as contribuições são acumuladas e rentabilizadas, formando um fundo (reserva matemática) para garantir o pagamento dos benefícios futuros.

> **EM RESUMO**
>
> **Regime de caixa:** mutualista puro. Quem está trabalhando paga para aqueles que estão aposentados.
>
> **Capitalização:** o dinheiro que você aporta é aplicado pelo gestor, o rendimento engordará as suas aplicações ao longo do tempo e o benefício dependerá do valor do seu saldo individual, ou seja, dos seus esforços de contribuição e da performance do gestor no retorno dos investimentos.

O **aumento da expectativa de vida** e a queda brutal na taxa de natalidade que vem ocorrendo em todo o mundo inviabiliza o financiamento da previdência pelo regime de caixa, que é o pilar do INSS, daí a necessidade de reformas no primeiro caso (veja mais no capítulo 3 deste guia). Já na previdência complementar, o que vem ocorrendo desde o final dos anos 1990 é uma forte migração dos planos de benefício definido para os planos de contribuição definida ou variável.

Modelo	O que é	Qual o risco
Benefício Definido (BD)	Modelo pelo qual o participante conhece o valor do benefício já na partida. A entidade de previdência assume o compromisso de pagar os benefícios predefinidos e o participante arca com uma mensalidade determinada pela empresa durante alguns anos para ter direito ao benefício.	A empresa patrocinadora ou a seguradora que administra o plano pode ficar insolvente e os ativos não serem suficientes para honrar os benefícios definidos. Sua maior preocupação deve ser em relação à saúde financeira do patrocinador do fundo. Também há risco de má gestão, que compromete o resultado final.
Contribuição Definida (CD)	Neste caso, as suas contribuições é que são definidas previamente. A entidade de previdência se compromete a administrar os recursos que você entrega a ela. A empresa passa então a ser responsável pela gestão financeira desse dinheiro e vai pagar a você o benefício durante a sua aposentadoria com base na capitalização das contribuições.	O valor do seu benefício vai depender do seu esforço contributivo e da capitalização de suas contribuições. Por isso, é importante rever sempre as contribuições que você realiza e também acompanhar a gestão do plano para saber se o benefício estará compatível com as suas necessidades na aposentadoria e se os gestores estão conseguindo a melhor rentabilidade para os seus recursos.
Contribuição Variável (CV)	Combina as formas de contribuição definida durante a fase de acumulação de recursos e de benefício definido na fase de recebimento da aposentadoria.	Um mix dos riscos embutidos nos planos CD e BD.

QUAIS PONTOS DEVO ANALISAR NA HORA DE ESCOLHER MINHA PREVIDÊNCIA COMPLEMENTAR?

SEU OBJETIVO PREVIDENCIÁRIO, SEU PERFIL FISCAL, SEU APETITE PARA RISCO E O HISTÓRICO DA SEGURADORA

O ponto de partida para escolher seu plano de previdência complementar é **definir o seu objetivo previdenciário** e estabelecer o nível de renda que você entende que precisará durante a sua aposentadoria. Nessa fase, é importante pensar também quais as fontes de renda que você vai ter depois de aposentado. O segundo passo para escolher um plano de previdência é **entender quais os ganhos fiscais** que terá com a aplicação (veja mais detalhes no capítulo 5 deste guia). Os investimentos de longo prazo têm inúmeras vantagens fiscais e, no caso de planos de previdência, esse é o ponto de maior sedução. Você pode e deve usar esses benefícios.

O terceiro passo é **conhecer seu apetite para risco**. Como em qualquer investimento, as carteiras dos planos de previdência podem variar de acordo com os riscos das aplicações a que estão expostas.

Os planos de previdência complementar do tipo PGBL e VGBL podem ter carteiras 100% aplicadas em títulos de renda fixa do Tesouro Nacional (as mais conservadoras) ou dedicar uma parcela do patrimônio a aplicações em ações (risco maior e também potencial maior de retorno no longo prazo).

Observe que é fundamental que você **conheça qual o risco de investimento** a que seu plano está exposto de forma a não ter prejuízos desnecessários. Algumas vezes, um retorno negativo do fundo em determinado período reflete a contabilidade do preço do ativo que ele tem em carteira (marcação a mercado), que oscila por conta de um momento de incertezas da economia. Contudo, como não será necessário resgatar a aplicação, você pode esperar um momento mais favorável para que o preço se recupere.

Em outros casos, pode refletir de fato um ativo de baixa qualidade. Conhecer qual é o motivo das cotas negativas nos fundos faz a diferença entre realizar um prejuízo ou aproveitar uma oportunidade de baixa de preços para fazer excelentes aplicações.

COMO COMPRAR UM PLANO?

COM OS MESMOS CUIDADOS QUE VOCÊ TEM NA HORA DE FAZER UM INVESTIMENTO

Um plano aberto de previdência privada é um investimento como outro qualquer, que **exige cuidados e muita pesquisa na hora da escolha**. Como é um plano que, em tese, deve ter vida longa, pois se trata de um objetivo na maior parte das vezes num futuro distante, há uma tendência em esquecer esse tipo de investimento nas gavetas.

Não será nenhuma surpresa se você descobrir nos papéis guardados planos de previdência antigos, em formatos que hoje sequer existem.

Por isso, muita atenção: há o risco de a empresa quebrar, de o plano não conseguir cumprir sua meta atuarial e mesmo da inflação corroer suas aplicações.

Certifique-se de que todos esses riscos estão sob controle quando escolher um plano. Mas não pare por aí. Ao longo da vida do plano, acompanhe periodicamente a saúde da empresa e a sua performance questionando sempre que se sentir incomodado com alguma notícia ou resultado do plano.

Retome os seus objetivos periodicamente e avalie se a sua escolha inicial continua adequada aos seus objetivos.

QUAIS OS CUSTOS DOS PLANOS DE PREVIDÊNCIA?

TAXAS DE ADMINISTRAÇÃO E DE CARREGAMENTO

O custo de um plano de previdência é a soma da taxa de administração e da taxa de carregamento que você paga.

A taxa de administração é um percentual cobrado sobre o patrimônio líquido do fundo e é na prática um pagamento que você faz ao gestor da carteira e à sua equipe pelo serviço que prestam.

Já a taxa de carregamento é aplicada sobre as contribuições que você faz ao plano e refere-se a gastos que a empresa tem na comercialização do plano. Atenção a essa taxa. Hoje já são muitos os planos que não a cobram.

Nos dois casos, **as taxas são extremamente altas quando você compra o plano diretamente na agência do banco sem o auxílio de um corretor ou sem fazer uma pesquisa antecipada**. Sempre que for escolher um plano, faça como em qualquer outro produto: pesquise o preço. No caso dos planos de previdência, as taxas de carregamento e de administração somadas formam o preço do "produto".

ATENÇÃO

- Aplicar num plano de previdência oferecido pela empresa na qual você trabalha provavelmente tem um custo bem mais em conta do que se você for comprar individualmente. Os departamentos de RH das empresas costumam fazer boas negociações nessas taxas e excluir a taxa de carregamento.

- Planos de previdência devem ser comprados das mãos de bons corretores de seguros que podem ajudar na pesquisa de produtos mais adequados ao seu perfil fiscal e de risco e também mais baratos.

- Muitas empresas de previdência privada têm uma política de zerar a taxa de carregamento quanto maior for o prazo de sua aplicação. Ou seja, elas premiam o investidor de longo prazo reduzindo o custo do plano.

- O custo não é a única variável que você deve olhar na hora de comprar um plano; no entanto, ele tem um peso importante. Lembre-se de que esse custo sai do patrimônio da sua aposentadoria, e no Brasil ele ainda é muito alto. Taxas elevadíssimas podem fazer a diferença entre você ter um ganho real (acima da inflação) ou não.

QUAIS RISCOS EU CORRO AO ADERIR A UM PLANO DE PREVIDÊNCIA PRIVADA?

O MAIOR DELES É O DE COMPRAR UM PLANO INADEQUADO AO SEU PERFIL TRIBUTÁRIO

Quando investe num plano inadequado ao seu perfil de contribuinte, você já começa a perder dinheiro. Veja este exemplo: num PGBL, a tributação ocorre sobre o valor total do resgate, e isso porque, em tese, você usufruiu durante anos do benefício fiscal de ter descontado as aplicações do seu Imposto de Renda. Nesse caso, o risco é você ser tributado no resgate de uma forma mais pesada sem ter se beneficiado de pagar menos imposto nos anos anteriores.

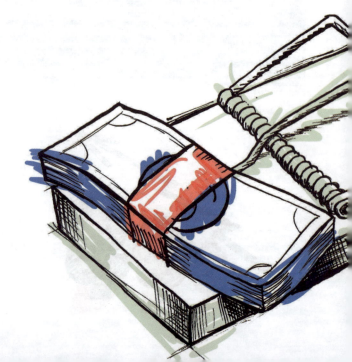

MAS HÁ OUTROS RISCOS:

Risco de a empresa que vendeu o plano não honrar os seus compromissos

Esse não é um risco trivial, principalmente em aplicações de longo prazo. Portanto, não se descuide na hora de comprar um plano: escolha empresas de tradição, com boa saúde financeira e um histórico exemplar no pagamento dos benefícios.

Veja quem são os controladores e seus antecedentes. A sua atenção deve permanecer durante toda a vigência do plano e, a qualquer sinal de problemas com a empresa, recorra a Susep, que é o órgão regulador e fiscalizador deste mercado.

Risco de o gestor não entregar uma boa performance

Neste caso, há risco de perdas com o investimento ou de suas aplicações não conseguirem sequer acompanhar a inflação. Ou seja, os investimentos que deveriam ajudar a engordar seu patrimônio, na verdade, podem até mesmo corroer as suas aplicações. Acompanhe a performance dele e compare sempre com a média de carteiras equivalentes. Se não estiver satisfeito, migre para outro plano.

COMO SABER QUAIS OS INVESTIMENTOS QUE O GESTOR DO PLANO ESTÁ FAZENDO?

ACOMPANHANDO A CARTEIRA DE INVESTIMENTO DOS FUNDOS ONDE OS RECURSOS ESTÃO APLICADOS

Você pode acompanhar a carteira de investimentos de seu plano com certa regularidade, seja por meio das informações dos fundos de previdência disponíveis no site da Comissão de Valores Mobiliários (**www.cvm.gov.br**), seja pelas informações prestadas pelo próprio gestor.

É importante conhecer a política de investimentos do fundo onde seus recursos estão depositados, principalmente para saber se você está confortável com o risco que está assumindo.

Ao analisar as informações, responda:

Qual a parcela do fundo que está em renda fixa? Há investimentos em ações?
Títulos de renda fixa costumam ser mais conservadores do que aplicações em ações.

Quais os papéis de renda fixa que constam na carteira? São títulos públicos ou privados?
Títulos públicos do Tesouro Nacional têm um risco menor do que os títulos privados, emitidos por empresas ou bancos. Note que essa pergunta basicamente apontará qual o risco de crédito da carteira, ou seja, o risco de o emissor do papel não honrar o pagamento do título no seu vencimento.

Qual o prazo dos títulos de renda fixa? São papéis pré ou pós-fixados?

Aqui, basicamente, você identificará o chamado risco de mercado, ou seja, o risco de oscilação de preço dos papéis de renda fixa. Os títulos pós-fixados são os mais conservadores neste tópico, pois acompanham as taxas diárias. Já os títulos prefixados embutem um risco maior, pois fixam uma taxa que não acompanhará, por exemplo, se a taxa básica da economia subir. No entanto, se a direção dos juros for contrária, ou seja, a taxa básica cair, esses títulos, por garantirem uma rentabilidade maior, tendem a se valorizar.

Que ações fazem parte da carteira?

Lembre-se: quando compra uma ação, você passa a ser sócio de uma empresa, mesmo que você tenha investido nesse mercado por meio de fundos. Assim, verifique na carteira quais as empresas de que você é sócio e veja se se sente confortável nessa posição. Quem são os controladores da empresa? Qual o setor em que ela atua? O que os analistas estão prevendo para a empresa? São questões desse tipo que você deve checar.

ESTOU PREPARADO PARA ESSES RISCOS?

RESPONDA PRIMEIRO: QUAL O SEU APETITE PARA RISCOS?

Este é o ponto de partida, saber se você suporta os solavancos do mercado quando eles aparecerem. Até que ponto você suporta perdas em busca de um retorno maior? Essa não é uma pergunta simples de ser respondida e vai exigir muita honestidade de sua parte na hora de respondê-la.

É muito comum que, **em épocas de euforia, os investidores se sintam mais dispostos a assumir riscos**. Embalados por altas consecutivas, é difícil enxergar no horizonte nuvens que sinalizem raios e trovoadas para as suas aplicações. Mas tenha certeza de que os momentos de euforia, assim como as crises, também passam, e quando o nervosismo se instala é fundamental que você esteja em aplicações que respeitem o seu apetite para risco.

Outro ponto é o prazo de sua aplicação. Quanto mais distante estiver da sua aposentadoria ou do momento de resgatar os recursos, mais riscos poderá assumir, porque terá a tranquilidade para esperar os momentos de baixa passarem.

Por fim, ter feito o dever de casa, conhecendo a carteira, o gestor e os processos pelos quais passam as decisões de investimentos, o deixará mais confortável em momentos de estresse, porque **estará confiante de que seu patrimônio está nas mãos de bons profissionais**.

COMO AS APLICAÇÕES NOS PLANOS DE PREVIDÊNCIA SÃO CONTABILIZADAS?

NA PRÁTICA, TRATA-SE DE APLICAÇÕES EM FUNDOS DE INVESTIMENTO E OBEDECEM ÀS REGRAS DESSAS CARTEIRAS

Este é um aspecto muito relevante, porque a forma como os ativos que estão na carteira do fundo são contabilizados dá mais transparência à gestão e espelha o risco a que a carteira está exposta.

Quando não contabiliza corretamente os ativos, ou seja, não registra o preço correto que o ativo vale (marcação a mercado, como essa prática é conhecida), o administrador do fundo dá uma informação errada ao cotista, dizendo que ele tem um valor maior do que ele tem na verdade.

Veja, portanto, como é feita a política de precificação de ativos no regulamento dos fundos.

Basicamente, as ações devem ser contabilizadas pelo valor médio de sua cotação diária em bolsa. Já os títulos de renda fixa devem ser contabilizados pelo preço que são negociados no mercado, e não pelos juros que prometem pagar. Isso porque, se o gestor precisar vender esses títulos antecipadamente, poderá realizar um ganho (se eles estiverem sendo negociados a um valor maior do que o que foi comprado) ou uma perda, no caso contrário, e o cotista precisa saber disso.

> **ATENÇÃO**
>
> Desconfie de cotas de fundos que não oscilam.
> A baixa oscilação espelha um risco menor da carteira, mas também pode ser uma sinalização de que o administrador não está precificando corretamente os ativos.

CRISES FINANCEIRAS PODEM DESTRUIR MINHA APOSENTADORIA?

SIM, MAS TAMBÉM PODEM SER EXCELENTES OPORTUNIDADES PARA ENGORDAR MUITO SUA CARTEIRA DE INVESTIMENTO

Para aqueles que não têm urgência dos recursos, ou seja, podem esperar o melhor momento para resgatar as suas aplicações, **as crises podem ser excelentes oportunidades de engordar fortemente seu patrimônio**.

Isso porque, nos momentos de incerteza na economia que embalam as crises financeiras, **bons ativos podem ser comprados a preços muito baixos**, e isso ocorre em praticamente todos os mercados. Acontece com ações, com imóveis e até mesmo com títulos de renda fixa.

O problema é que, em meio a uma crise, nunca se sabe ao certo quanto tempo levará para que esses ativos voltem ao preço justo. E esse é o risco, você precisar vendê-los antes do tempo necessário para se valorizar.

QUEM GARANTE OS PLANOS DE PREVIDÊNCIA?

NINGUÉM GARANTE. DAÍ A IMPORTÂNCIA DE SE MANTER VIGILANTE E FAZER O DEVER DE CASA ANTES DE COMPRAR O PLANO

Diferentemente do passado, hoje o mercado brasileiro tem mais transparência e mais controle por parte de órgãos reguladores, o que dá uma maior segurança e credibilidade nas empresas que atuam nesse setor.

No entanto, você deve acompanhar regularmente as notícias sobre a empresa seguradora onde está seu plano de previdência. A legislação tem uma série de exigências que visam garantir a solvência dessas empresas, mas você também deverá fazer o seu trabalho de acompanhamento e notificar a Superintendência de Seguros Privados (Susep) sempre que se sentir desconfortável com alguma informação.

Essas empresas publicam informações semestrais e anuais sobre suas atividades e resultados. Essas informações você poderá obter também na Susep.

OS PLANOS DE PREVIDÊNCIA COMPLEMENTAR SÓ SERVEM PARA A APOSENTADORIA?

NÃO. ELES SÃO INDICADOS PARA INVESTIMENTOS DE LONGO PRAZO

Como você verá no próximo capítulo, os benefícios fiscais embutidos nos planos de previdência são ingredientes valiosíssimos para as suas aplicações de longo prazo. Assim, mesmo que seu investimento não seja para complementação de renda na aposentadoria, sirva-se dos planos de previdência como veículos de investimento sem a menor cerimônia. **Alguns exemplos em que esses planos podem ser muito eficientes:**

Criação do próprio negócio

> Muitos brasileiros já estão utilizando os planos de previdência com essa finalidade. Enquanto trabalham, reservam algumas economias para financiar, no futuro, o sonho de ter a própria empresa. Neste caso, paralelamente ao acúmulo dos recursos, eles vão construindo o plano de negócios da futura empresa, pesquisando mercado e acertando as linhas mestras para colocar a empresa de pé mesmo antes da aposentadoria.

Faculdade dos filhos

> Está aí outra utilização nobre para esses planos, pois gera uma eficiência fiscal tremenda. Veja os detalhes no capítulo 5 deste guia. É possível abater as aplicações do plano no período de acumulação do patrimônio e no momento do resgate; como o seu filho provavelmente estará na faixa de isenção do imposto, o mesmo não será tributado.

Transmissão de patrimônio

> Outro caminho eficiente para o planejamento fiscal, além de deixá-lo no controle do seu patrimônio mesmo depois de ter feito a partilha dos recursos. Os beneficiários receberão os recursos sob forma de seguro de vida e, por isso, não serão tributados. Além disso, você estabelece quem receberá (sempre respeitando os quinhões de cada herdeiro estabelecido por lei) e a forma como serão feitos os pagamentos.

TENHO DOIS PLANOS DE PREVIDÊNCIA, O QUE DEVO FAZER?

CONHECER O PERFIL DE CADA UM DELES

Por que você tem dois planos de previdência?
Essa é a pergunta que você deve fazer. Talvez eles se complementem em questões tributárias, e daí está corretíssima a decisão.

Outra razão é você querer diversificar o tipo de carteira. Em um deles você optou por ter uma fatia de aplicações de maior risco, como as ações.

Você pode ainda ter escolhido dois planos porque quis diversificar o risco do gestor. Está aí outro bom motivo.

Mas por que mesmo você tem dois planos?

OS PLANOS DE PREVIDÊNCIA SÃO A MELHOR FORMA DE COMPLEMENTAR MINHA RENDA NA APOSENTADORIA?

É MAIS UMA ALTERNATIVA – E MUITO COMPETITIVA, SE LEVAR EM CONTA O BENEFÍCIO FISCAL

Mas certamente não é o único caminho. Provavelmente você terá que ter uma carteira que combine diversos formatos de planos de previdência para poder usufruir de todos os benefícios fiscais (veja mais no capítulo 5 deste guia).

Também poderá ter outros investimentos, uma vez que uma alternativa não exclui a outra. A sua carteira poderá contemplar investimentos em imóveis, recursos no exterior para aqueles que planejam viver fora do país depois de aposentados, ações que paguem bons dividendos etc.

DEVO USAR O DINHEIRO APLICADO PARA QUITAR A DÍVIDA COM O INSS?

PRIMEIRO, VEJA SE VALE A PENA QUITAR OS ATRASADOS

Antes de pagar os atrasados, faça as contas. A previdência oficial está passando por algumas reformas e outras devem vir. No entanto, todas as mudanças convergem no sentido de incentivar uma idade maior para que o trabalhador se aposente.

Os cálculos para receber o benefício sempre levarão em conta o tempo de contribuição e a idade da aposentadoria. Assim, entre a sua idade atual e a idade em que você quer se aposentar talvez você descubra que há um tempo suficiente de contribuição ainda pela frente, o que o exime de ter que pagar os atrasados.

Mas se de fato precisar pagar os atrasados para conseguir se aposentar, mais uma vez será necessário fazer as contas. Basicamente, você terá que responder à seguinte pergunta:

O valor que vou "aportar" na previdência oficial me renderá um benefício de quanto e a partir de que idade? Depois compare com o rendimento que terá na previdência privada.

Mas atenção: a legislação previdenciária somente admite pagamento de período retroativo (atrasados ou não pagos) se comprovado o exercício de atividade remunerada, à época, como contribuinte individual (autônomo), mediante autorização da Agência da Previdência Social.

QUAIS SÃO OS
ERROS MAIS COMUNS?

AQUELES RELACIONADOS À TRIBUTAÇÃO

Não usar a totalidade do benefício fiscal

> Ainda há contadores que acham que só é possível abater de um plano, mas na verdade você pode abater até 12% de sua renda, não importa que as aplicações estejam distribuídas em diversos planos;

Não incluir o benefício dos dependentes

> Muitos têm planos para dependentes e não utilizam o benefício fiscal na sua própria declaração de IR (veja mais no capítulo 5 deste guia).

Resgatar sem usar a portabilidade

> Muitas vezes, insatisfeito com a performance do plano, o investidor resgata os recursos e faz aportes em outro plano. Neste caso, será tributado, muitas vezes, com um custo altíssimo. O correto é usar a portabilidade e migrar para outro plano, evitando assim a tributação nessa movimentação.

Declaração de IR

> Algumas pessoas lançam na declaração tanto o VGBL como PGBL. Porém, só o PGBL tem o benefício fiscal de abater as aplicações da sua renda tributável e a Receita Federal já está de olho nas declarações com erros.

Economia de impostos

> Não utilizar o VGBL como instrumento para transferência de patrimônio.

Tributação incorreta

> Não escolher a tributação correta para resgate. A progressiva serve, por exemplo, para quem tem muitas despesas para abater e a regressiva para quem só pensa em resgatar depois de seis anos (veja o capítulo 5).

UM MACHO NO SÉCULO XXI

CLAUDIO HENRIQUE SANTOS estava nos seus 40 e poucos anos quando parou de trabalhar. Aposentado? Da carreira executiva numa multinacional, sim. Mas só isso. Veja a seguir um pouco da história do autor do livro *Macho do século XXI*, que largou uma carreira para acompanhar a mulher, diretora de uma empresa global, que fora transferida para Singapura.

Deixar a carreira executiva foi uma decisão difícil?
Muito. Depois de um tempo, a vida de empregado numa multinacional torna-se uma grande placenta. Por mais difícil que seja manter o emprego, você fica lá dentro, quentinho, um tanto quanto protegido das ameaças externas. O salário está garantido no final do mês, os benefícios também – como custa caro um plano de saúde, não?

Tem medo de não conseguir se aposentar?
Acho que todo mundo tem esse receio, mas quanto mais preparado você estiver (e quanto mais cedo você começar a trabalhar nesse plano), maiores são as chances de atingir esse objetivo. Desde muito jovem tenho me preparado para o futuro, e isso me deixa mais tranquilo hoje, embora ainda tenha muita coisa pela frente.

Acredito que ter um suporte financeiro para a aposentadoria é fundamental, mas tem algo igualmente importante: definir o que faremos depois de parar uma atividade profissional. Aposentadoria não significa necessariamente o ócio absoluto; por isso, montar um plano que funcione a partir do primeiro dia dela é essencial.

O fato de não ter um trabalho remunerado, seja formal ou informal, não significa que você não deve ter uma ocupação para o cérebro. Quando fiquei em casa, por exemplo, aproveitei o tempo extra para aprender um novo idioma, ler todos os livros que eu queria, ouvir música clássica, enfim, adquirir todo o conhecimento possível. Também descobri que podemos nos reinventar o tempo inteiro. Todos nós temos vários talentos, e a aposentadoria talvez seja também uma oportunidade de desenvolver novas habilidades, sejam elas remuneradas ou não.

Durante sua vida corporativa, quais foram os maiores erros que observou em si mesmo e em seus amigos em relação à carreira?
Um dos maiores erros é apostar demais no status de trabalhar numa grande empresa. Tem gente que não consegue viver sem um cartão de visita com um "sobrenome" importante.

Outro erro frequente é a tendência que desenvolvemos de achar que ficamos especialistas numa determinada atividade, e aí não podemos fazer mais nada que não seja relacionado a ela.

Também é muito comum pensar que não existem outras opções de remuneração que não sejam relacionadas ao regime da CLT. Hoje, com os avanços trazidos pela tecnologia, você pode fazer qualquer coisa, de qualquer lugar, basta ter um bom computador e internet. No meu caso, escrevo livros e negocio minhas palestras no Brasil mesmo morando do outro lado do Atlântico.

Como cuida da sua aposentadoria?
Tenho um plano de previdência privada com o qual contribuo desde os 25 anos de idade. Além disso, tanto eu como minha mulher, mesmo morando no exterior, continuamos pagando o INSS, como contribuintes individuais. E o dinheiro que conseguimos poupar nesses anos está investido em fundos de investimento no Brasil.

O futuro é...
Possibilidades ilimitadas. Podemos ser felizes em qualquer escolha que fizermos, desde que elas estejam de acordo com os nossos valores e nossas motivações.

A sabedoria está em saber encerrar um ciclo bem e de maneira definitiva para começar a aproveitar as possibilidades do próximo. E viver esse novo ciclo com o máximo de energia possível, por menos promissor que ele possa parecer num primeiro momento.

Nos meus primeiros meses de Singapura, eu me sentia um "aposentado compulsório", pois me dediquei exclusivamente a cuidar da casa e da minha filha e acreditava que não estava fazendo nada de produtivo. Pura bobagem. Cuidar de casa e dos filhos dá um trabalho danado.

Eu já estava acostumado às minhas novas "funções" e estava feliz lavando pratos em casa, mas por incentivo de uma grande amiga escrevi minhas histórias de executivo que virou dono de casa. Sem pretensão nenhuma, e pensando apenas em registrar a história da nossa família para minha filha, acabei terminando o livro *Macho do século XXI*, publicado em 2013. E não sei mais onde vou parar...

Descobri que tinha uma bela história sobre a igualdade de gêneros para contar e, mesmo morando no exterior, comecei a fazer palestras pelo Brasil. Veio então o segundo livro: *Mulheres modernas, dilemas modernos*, lançado em 2016. Já estou iniciando a pesquisa para o próximo. O livro *Macho do século XXI* vai inspirar a realização de um filme longa-metragem, do qual me tornei produtor associado.

5

UM GRANDE ALIADO

CONHEÇA OS BENEFÍCIOS FISCAIS ANTES DE TER MEDO DA RECEITA FEDERAL. NO LONGO PRAZO, OS GANHOS PODEM SER RELEVANTES

COMO USAR O IMPOSTO A SEU FAVOR NOS INVESTIMENTOS PARA A APOSENTADORIA?

PRIMEIRO, PERCA O MEDO; DEPOIS, SEPARE OS RECURSOS DE LONGO PRAZO

Parece óbvio, mas são muitos os investidores que não tomam o cuidado de identificar o que são investimentos de médio e longo prazos. Com isso:

> Perdem deduções no Imposto de Renda

> Perdem isenções fiscais

> Pagam alíquotas maiores de Imposto de Renda

> Deixam que a inflação destrua boa parte de seus recursos

> Não aproveitam oportunidades de mercado

Daí a importância de fazer um exame cuidadoso para segregar o dinheiro que não será usado no curto prazo. O ganho com a economia de impostos não é desprezível.

DO PONTO DE VISTA FISCAL:

CURTO PRAZO:
até **2** anos

MÉDIO PRAZO:
de **2** a **10** anos

LONGO PRAZO:
acima de **10** anos

O QUE É BENEFÍCIO FISCAL?

É A POSSIBILIDADE DE ECONOMIZAR IMPOSTOS APROVEITANDO ALGUNS INCENTIVOS, ENCONTRADOS NA LEGISLAÇÃO, PARA ESTIMULAR A POUPANÇA DE LONGO PRAZO

O governo, nos últimos anos, criou incentivos tributários visando o aumento da poupança interna. Nesse sentido, os investimentos para complementação da renda futura são fortemente beneficiados com o diferimento do pagamento de imposto e até mesmo, em alguns casos, **evitando-se a tributação**.

POR EXEMPLO:

Transmissão de patrimônio via PGBL ou VGBL

> Os beneficiários indicados nesses planos receberão os recursos sem que tenham que constar no inventário e, por conseguinte, sem a tributação do imposto de transmissão. Fique atento às mudanças na regulamentação, pois alguns estados como Minas Gerais, Goiás, Rio de Janeiro e Ceará estabeleceram a cobrança de tributo sobre os valores e direitos recebidos por beneficiários ou herdeiros, oriundos de planos previdenciários, por conta do falecimento do participante titular do plano. Mesmo nesses casos ainda existem as vantagens de livre indicação dos beneficiários, eliminação das despesas de processos de inventário, agilidade e liquidez aos herdeiros, pois em geral o processo de liberação dos recursos leva menos de um mês.

Plano em nome de filhos menores

Neste caso, os pais podem deduzir as aplicações da renda tributável (respeitando o limite de 12%), mas somente enquanto os filhos forem seus dependentes. É, por exemplo, um excelente meio para investir já o dinheiro que será destinado ao pagamento da faculdade dos filhos. Outra vantagem é a possível isenção ou redução do Imposto de Renda devido no recebimento do benefício caso os valores resgatados sejam registrados no CPF do seu filho. Nesse caso, a tributação será da responsabilidade do filho. É provável que a base tributável, o salário dele, não ultrapasse a faixa de isenção da tabela progressiva do Imposto de Renda da Pessoa Física, já que, nessa fase, ele ainda estará cursando a faculdade ou em início de carreira. Note que, para obter a isenção ou redução do Imposto de Renda no recebimento do benefício, é importante que a contratação do PGBL seja realizada em nome do seu filho – e, para isso, ele terá que ter CPF.

Onde solicitar a inscrição do CPF do seu filho?

A solicitação de inscrição de menores de 16 anos, tutelados, curatelados e outras pessoas físicas sujeitas à guarda judicial, deve ser feita pelos pais, tutores, curadores ou responsáveis pela guarda judicial nas agências do Banco do Brasil, da Caixa Econômica Federal ou dos Correios. No caso dos recém-nascidos, o serviço de emissão de CPF será realizado pelos cartórios de registro civil, com a inclusão do número do documento diretamente nas certidões de nascimento.

PLANOS DE PREVIDÊNCIA

Os planos de previdência complementar do tipo PGBL e fundos de pensão são os veículos de investimento com um dos mais sedutores benefícios fiscais disponíveis no mercado brasileiro: a dedução de até 12% da renda tributável nas aplicações realizadas. Ou seja, os aportes até 12% da renda tributável, feitos ao longo do tempo para a construção do patrimônio futuro, entram, na prática, como "despesas" dedutíveis no ajuste anual do Imposto de Renda.

O QUE TENHO QUE CONSIDERAR NA HORA DE ESCOLHER MEU PLANO DE PREVIDÊNCIA?

SEU PERFIL FISCAL

Quando faz um plano de previdência, você precisa tomar duas decisões logo na partida:

> Optar entre um PGBL ou um VGBL.

> Escolher a forma de tributação aplicada no momento do resgate da aplicação, se progressiva ou regressiva.

Dessas escolhas, resultará a economia fiscal possível de ser alcançada.

Pode ser que você conclua que, na verdade, precisará de uma carteira combinando diferentes tipos de planos com configurações fiscais diferentes. Mas tenha calma! Tome cuidado porque este, definitivamente, não é um assunto trivial.

Para decidir em que tipo de plano ou planos de previdência aplicar os seus recursos, é preciso **conhecer alguns conceitos tributários** que serão expostos a seguir.

Todos os anos, você apresenta a sua declaração do Imposto de Renda da Pessoa Física à Receita Federal. Nela, estão contemplados os ganhos e as rendas auferidas durante o ano, assim como as despesas

dedutíveis. Como resultado da declaração, você apura um valor de imposto a pagar ou uma restituição, ou seja, um ajuste entre o imposto devido e o imposto recolhido por antecipação durante o ano.

Na declaração constam rendas e ganhos tributados pela tabela progressiva do Imposto de Renda (tributação progressiva) e outros tributados exclusivamente na fonte.

O QUE É TRIBUTAÇÃO PROGRESSIVA?

É FEITA CONFORME A TABELA PROGRESSIVA DO IMPOSTO DE RENDA

A progressividade da tributação é uma forma de justiça fiscal, pois aqueles que apresentam uma base tributável maior estão sujeitos a alíquotas que vão **aumentando progressivamente**, partindo de uma faixa de isenção, passando pelas alíquotas de 7,5%, 15% e 22,5% e chegando à alíquota máxima de 27,5%.

Vale destacar que, na determinação da base tributável pela tabela progressiva, podem ser deduzidas algumas despesas, como as médicas e as com os dependentes. É aqui também que pode ser feita a **dedução de 12%** da renda tributável nas aplicações em PGBL.

O QUE É TRIBUTAÇÃO EXCLUSIVA NA FONTE?

A TRIBUTAÇÃO EXCLUSIVA NA FONTE É DEFINITIVA, OU SEJA, O IMPOSTO PAGO NÃO PODE SER COMPENSADO NO AJUSTE ANUAL

São tributados exclusivamente na fonte o ganho de capital e algumas aplicações financeiras.

Ganho de Capital

> É o ganho obtido na alienação de bens ou direitos. Por exemplo, o ganho auferido na venda de um imóvel ou nas negociações com ações em Bolsa de Valores. A alíquota é de 15%.

Aplicações financeiras

> São, basicamente, as aplicações em renda fixa, feitas diretamente (compra de títulos do governo ou de certificados de depósito bancário – CDB, por exemplo) ou por meio de fundos de investimento.

A tributação na fonte das aplicações financeiras de renda fixa é feita com alíquotas que variam de acordo com o prazo da aplicação, o que a caracteriza como uma tributação regressiva.

O QUE É TRIBUTAÇÃO REGRESSIVA?

NA TRIBUTAÇÃO REGRESSIVA, QUANTO MAIOR O PRAZO DA APLICAÇÃO MENOR A ALÍQUOTA

Nos fundos de pensão, nos planos PGBL e VGBL, as alíquotas do imposto regressivo em função do prazo de aplicação são:

TRIBUTAÇÃO REGRESSIVA

PRAZO DA APLICAÇÃO	ALÍQUOTA
Até 2 anos	35%
De 2 a 4 anos	30%
De 4 a 6 anos	25%
De 6 a 8 anos	20%
De 8 a 10 anos	15%
Mais de 10 anos	10%

Após esses esclarecimentos sobre os conceitos tributários, voltemos à pergunta feita anteriormente: **PGBL OU VGBL?** Para definir se deve comprar um PGBL ou VGBL, você precisa responder a outra pergunta:

CONSEGUIREI USUFRUIR DO DIREITO DE DESCONTAR AS APLICAÇÕES QUE FAREI DA MINHA RENDA TRIBUTÁVEL?

SE A RESPOSTA FOR SIM, VOCÊ DEVE OPTAR POR UM PGBL

Para saber, é necessário simular sua declaração de IR utilizando o modelo completo, pois somente nesse modelo é possível deduzir o valor das aplicações no PGBL. Lembrando que o **limite de dedução é de 12%** da renda tributável anual. Esse é o valor máximo de contribuição para o aproveitamento integral do benefício fiscal.

Perceba que, na prática, as aplicações entram como uma "despesa" dedutível da base tributável pelo IR. Mas tal dedução só será possível no modelo completo da declaração.

Por outro lado, se, após a simulação, ficar constatado que o melhor modelo de declaração é o simplificado, não haverá vantagem tributária na aplicação em um PGBL.

ATENÇÃO 1

A regra tributária dos planos de aposentadoria oferecidos nos fundos de pensão é igual à do PGBL, ou seja, você consegue obter a vantagem de deduzir até 12% da base tributável desde que você realize a declaração de IR no modelo completo.

ATENÇÃO 2

É muito comum que, ao negociar o plano, o vendedor simplesmente pergunte se você faz a declaração do IR pelo modelo simplificado ou completo para indicar um VGBL ou um PGBL. Essa é uma forma errada de decidir entre um ou outro plano. Não se pode se basear na declaração passada. Para se chegar à decisão correta, é preciso fazer a simulação, incluindo o valor das contribuições para o plano, conforme explicado anteriormente.

Agora que já sabe qual o plano escolher, PGBL ou VGBL, é hora de decidir **qual será a tributação** que usará ao receber o benefício ou resgatar os recursos: tributação regressiva ou progressiva. Você também terá que decidir entre a tributação regressiva ou progressiva caso deseje participar de um fundo de pensão.

Atenção! A tributação se dá no recebimento do benefício ou no resgate dos recursos, mas a escolha da forma de tributação tem que ser feita no momento da contratação do plano. Se a escolha não for expressa, ficará subentendido que a tributação progressiva foi a escolhida.

Outra observação importante: quando se trata de plano de previdência, é preciso ter em mente duas fases distintas:

> A fase de acumulação, em que são feitos os aportes no plano; e

> A fase de recebimento do benefício ou resgate.

Quando tratamos da escolha do plano, PGBL ou VGBL, foram levados em consideração os **benefícios tributários da fase de acumulação**. Ou seja, seria vantajosa a escolha de um PGBL para aqueles que, na fase de acumulação, pudessem deduzir as aplicações no plano da base tributável, o que só seria possível no modelo completo da declaração do IR.

Agora, que passamos a tratar dos aspectos tributários da fase de recebimento do benefício ou do resgate, voltaremos a falar sobre a escolha entre o modelo completo e o modelo simplificado da declaração do IR. É importante ter em mente que o modelo de declaração empregado na fase de acumulação, por ser mais benéfico, pode não ser o mais adequado a ser empregado na fase de benefício ou resgate. Isso porque o perfil de receitas e de despesas do participante do plano pode se alterar de uma fase para a outra e, na verdade, é muito provável que isso aconteça. **A dificuldade está em projetar**, no momento da contratação do plano, qual será seu perfil de receitas e despesas na fase dos benefícios ou do resgate, que deverá ocorrer num horizonte 20 anos à frente.

ENTÃO, VAMOS RETOMAR. QUE FORMA DE TRIBUTAÇÃO ESCOLHER, PROGRESSIVA OU REGRESSIVA?

Tributação progressiva

> Ao escolher a tributação progressiva, você estará decidindo que os valores do benefício comporão a base tributável sobre a qual incidirá a tabela progressiva do IR.

> Assim, quanto maior for o benefício ou resgate mensal de seu plano, maior será a alíquota de IR. É a mesma lógica da tributação do seu salário.

> Neste modelo de tributação, não importa o prazo pelo qual os recursos estão investidos. Esse modelo é vantajoso para aqueles que têm muitas despesas dedutíveis do IR.

> Veja, se você teme que, na fase de benefício, vá precisar de tratamentos de saúde dispendiosos – planos de saúde, exames, médicos, hospitais –, optar pela tributação progressiva seria o mais indicado.

Tributação regressiva

> A tributação regressiva é feita exclusivamente na fonte. Sobre cada valor do benefício ou do resgate incidirá uma alíquota do IR na fonte que vai depender do prazo da aplicação feita no plano de previdência. Quanto maior o prazo, menor a alíquota (veja a tabela na página 149).

Os resgates no saldo serão feitos das aplicações mais antigas. Ou seja, as aplicações mais antigas são as primeiras a serem resgatadas. E, consequentemente, as alíquotas mais favoráveis vão sendo aplicadas.

Portanto, a alíquota, na tributação regressiva, começa em 35% para aplicações feitas até dois anos. Repare que **um erro aqui pode causar um estrago fenomenal**, pois dificilmente um rendimento será tão expressivo para compensar tamanha mordida.

Então, tenha em mente que esse tipo de tributação deve ser escolhido quando você tiver certeza de que não precisará dos recursos no curto prazo.

O resgate nos planos de previdência é permitido e corresponde ao saque de parte ou totalidade do seu saldo antes do início do recebimento do benefício. Veja as condições no regulamento do seu plano.

ESTAS PERGUNTAS VÃO AJUDÁ-LO NA ESCOLHA DO TIPO DE TRIBUTAÇÃO:

> **Quando pretendo fazer o primeiro resgate?**
> A tributação regressiva é indicada para prazos maiores de resgates.

> **Terei muitos gastos com planos de saúde, médicos, dependentes, enfim, despesas dedutíveis na declaração de ajuste anual do IR?**
> A tributação progressiva é a mais indicada para os que têm muitas despesas dedutíveis.

A alternativa de tributação regressiva ganha competitividade quanto maior for o benefício a receber e menor as despesas para abater.

PARA SABER QUAL O SEU CASO:

> Simule qual será a sua renda na aposentadoria: benefício + INSS + outros rendimentos tributáveis, como recebimento de aluguel.

> Liste todas as despesas dedutíveis. Despesas com saúde em geral são as de maior impacto.

> Veja em que faixa da tabela progressiva do IR você irá se enquadrar.

> Compare a tributação progressiva com a regressiva.

Os planos de previdência se revelam uma excelente alternativa aos investimentos que têm tributação exclusiva na fonte.

Um exemplo clássico: você vive dos rendimentos de aplicações em CDBs, que têm tributação exclusiva na fonte. Você é tributado na fonte e não tem conversa.

Mas se você fizer essa aplicação por meio de um VGBL com tributação progressiva, poderá resgatar os rendimentos mensalmente, ainda que no curto prazo, e poderá compensar o imposto pago na declaração anual de IR. Se os seus gastos com saúde são altos, as chances são grandes de você engordar a sua restituição e receber de volta todo o imposto que pagou no resgate.

Mas imagine que você não tenha tantas despesas dedutíveis assim e que só precisará utilizar os rendimentos do plano num futuro distante, por exemplo, após 10 anos. Compare: aplicando em CDB, será tributado a uma alíquota de 15%; se aplicar por meio de um VGBL com tributação regressiva, a alíquota será de 10% (para prazo acima de 10 anos).

COMO DECLARAR MEU PLANO DE PREVIDÊNCIA NO AJUSTE ANUAL DO IMPOSTO DE RENDA?

QUEM APLICA EM PGBL OU VGBL TEM QUE PRESTAR MUITA ATENÇÃO NA FORMA COMO DECLARAR ESSES INVESTIMENTOS NO IMPOSTO DE RENDA

FIQUE ATENTO A:

PGBL / Fapi / Fundos de pensão / Planos tradicionais

> **Contribuições efetuadas no ano-base, inclusive em nome dos dependentes:** dedução de até 12% dos rendimentos tributáveis.

> **Condição:** contribuição para a previdência social, inclusive do dependente maior de 16 anos.

> **Atenção:** o saldo não deve ser informado na declaração de bens. Você deve declarar o valor das aplicações feitas no ano na declaração de despesas.

VGBL

> **A declaração do VGBL deve ser em bens e direitos,** pois o VGBL é um ativo. Você deve declarar o valor das aplicações realizadas no ano. Mas apenas o valor total das aplicações, sem o rendimento no período.

Em nenhum dos dois casos você declara o saldo e o rendimento da aplicação.

Quando o assunto é previdência, a questão tributária ganha ainda mais relevância. No longo prazo, **o ganho fiscal tem um impacto pesado nas suas aplicações**. Por isso, muita atenção!

COMO PLANEJAR O RESGATE PARA NÃO SER TRIBUTADO?

FIQUE ATENTO AOS PRAZOS DAS APLICAÇÕES E AO VALOR SACADO

Nada mais desaconselhável do que **fazer resgates altos nos planos de previdência de uma só vez**. Este é um terreno em que a calma e o planejamento fazem toda a diferença entre o caminho que o seu dinheiro irá percorrer – se para o seu bolso ou para o caixa do governo.

Veja bem, não estamos sugerindo em nenhuma hipótese que você deixe de pagar o imposto devido. Mas atenção à última palavra: devido. Se a Receita lhe dá o benefício, por que não utilizar? Por isso, planeje os seus resgates.

Se a tributação é regressiva, resgate as aplicações de maior prazo. Veja, ao resgatar os recursos que estão aplicados há mais de 10 anos, a alíquota que incidirá será de, apenas, 10%, seja qual for o valor sacado.

Se a tributação do seu plano for progressiva, então não é o prazo que conta, mas o montante do resgate. Quanto menor o valor, menor será a tributação pela tabela progressiva do IR. Assim, divida o seu resgate em parcelas mensais que fiquem dentro das menores faixas de tributação da tabela do IR. E não se esqueça de usar as despesas dedutíveis no ajuste anual.

Na tributação progressiva, você receberá uma mordida de 15% de Imposto de Renda retido na fonte no momento do resgate. Mas, ao fazer a declaração anual do IR, você poderá compensar esses valores pagos antecipadamente e, quem sabe, receber uma restituição. Isso ocorre porque, no regime progressivo, não é o prazo que conta, mas o montante do resgate. Quanto menor o valor, menor será a tributação pela tabela progressiva do IR. Assim, **defina o resgate anual de forma que fique dentro das menores faixas de tributação da tabela do IR**. E não se esqueça de usar as despesas dedutíveis no ajuste anual.

Na tributação regressiva, o desconto a ser aplicado no resgate será a alíquota estabelecida, proporcional ao tempo da aplicação, e não será possível compensar o imposto pago na fonte na declaração de ajuste anual.

ATENÇÃO

É comum pessoas que realizam a declaração simplificada do IR participarem de fundos de pensão e, ao se desligarem da empresa, pedirem o resgate e se assustarem com um valor líquido menor do que o saldo constituído com suas aplicações. E por quê? Porque você terá que pagar IR sobre o valor do resgate ou do benefício, conforme a sua opção pelo regime progressivo ou regressivo, e não utilizou as aplicações no fundo de pensão para reduzir a sua base tributária durante o período de acumulação. Nesse caso, antes do ingresso, pergunte ao RH da sua empresa e analise o regulamento, fazendo as seguintes perguntas:

> Quando e quanto terei do saldo constituído pela empresa em meu nome?

> Existem outros benefícios no plano, como pensão por morte e renda por invalidez?

Uma boa alternativa para os participantes que se desligam da empresa é não resgatar e escolher o benefício proporcional diferido. Nele, você deixa o saldo no plano rendendo até o melhor momento para o resgate. Por exemplo: se tudo der certo, sua renda aumentará e em algum momento ao longo do tempo será vantajoso para você fazer o IR no modelo completo. Resgatando o plano a partir daí, as despesas com saúde e dependentes poderão ser consideradas e você restituirá parte do imposto pago, lembrando que isso vale se a sua opção tributária foi pelo regime progressivo. Mas se sua opção na contratação do plano foi pelo regime regressivo, a decisão por não resgatar e deixar o saldo aplicado também é vantajosa, lembrando que a alíquota de IR poderá atingir 10% quando o tempo de aplicação de todas as contribuições atingir mais de 10 anos.

Existem empresas que liberam parte do saldo constituído por ela na elegibilidade ao benefício de aposentadoria. Portanto, essa será uma vantagem adicional para aqueles que resistirem ao resgate no desligamento e optarem por guardar o seu saldo e engordar o patrimônio para a aposentadoria.

QUE TRIBUTOS CONTINUAREI PAGANDO MESMO DEPOIS DE APOSENTADO?

PRATICAMENTE TODOS OS QUE VOCÊ PAGAVA QUANDO ESTAVA TRABALHANDO

Quando completar 65 anos de idade, você **ficará isento do Imposto de Renda** até o limite mensal de R$ 1.787,77 (consulte sempre o site da Receita Federal para saber se esse valor foi atualizado (http://www.receita.fazenda.gov.br/publico/perguntao/Irpf2015/PerguntaseRespostasIRPF2015.pdf).

Toda a receita acima desse montante é passível de tributação: o rendimento das aplicações financeiras, aluguéis etc.

RENDIMENTOS ISENTOS OU NÃO TRIBUTÁVEIS

> Valores recebidos a título de FGTS, indenização por acidente de trabalho e indenização e/ou aviso prévio não trabalhado, pagos por demissão ou rescisão de contrato de trabalho até o limite garantido pela legislação trabalhista ou por dissídio coletivo e convenções trabalhistas homologadas pela Justiça do Trabalho.

> Rendimentos de aposentadoria (inclusive complementações) ou reforma motivada por acidente em serviço ou moléstia profissional.

> Rendimentos de aposentadoria, reforma ou pensão (inclusive complementações) recebidos pelos portadores de doença grave especificada na legislação do Imposto de Renda.

> Valor correspondente à indenização paga por pessoa jurídica a título de incentivo à adesão a Programas de Demissão Voluntária (PDV).

> Rendimentos de caderneta de poupança.

> Rendimentos de outras aplicações incentivadas, como LCI, LCA e debêntures incentivadas.

Outras dicas de benefícios fiscais

Os benefícios fiscais não estão limitados aos planos de previdência. Outros dois setores da economia foram claramente incentivados com benefícios fiscais pelo governo: o imobiliário e o de agronegócios.

Há quatro investimentos em renda fixa lastreados em projetos desses dois setores que são isentos de IR:

> Letras de Crédito Imobiliário

> Letras de Crédito Agrícola

> Certificados de Recebíveis Imobiliários

> Certificados de Recebíveis do Agronegócio

Na venda de imóveis, há a possibilidade de isenção do IR sobre ganho de capital. Por exemplo, quando o dinheiro proveniente da venda de um imóvel é usado na compra de outro imóvel, desde que essa compra se faça no prazo de até seis meses após a venda.

NÓS PAGAMOS.
MAS QUEM COME O PATO?

O déficit nas contas do governo para 2016 foi estimado em 170,5 bilhões de reais. Essa enorme perda terá que ser distribuída entre a população ao longo dos próximos anos. Não se iluda: essa conta também cairá para você.

Por isso, entender as contas públicas e a carga tributária brasileira é urgente para todo o cidadão. Esse será o grande tema para a vida do brasileiro nos próximos anos porque impacta diretamente seu emprego, sua renda, seus investimentos e, principalmente, sua aposentadoria.

A carga tributária pode ser aumentada sub-repticiamente, sem que haja o anúncio de aumento de alíquotas de impostos ou de contribuições ou mesmo sem a recriação de novos tributos como a CPMF. Basta que o governo revise a sua política de desonerações tributárias.

Para se ter uma ideia, só as desonerações criadas no primeiro governo Dilma Roussef (2011 a 2015) somaram R$ 105 bilhões apenas em 2015. Desse total, R$ 16 bilhões foram devidos somente à desoneração da contribuição previdenciária patronal. Para incentivar alguns setores da economia, a contribuição previdenciária paga pelas empresas desses setores foi reduzida. Essa redução é compensada com repasses do Tesouro Nacional à previdência. Só nesse período, foram editadas 32 medidas provisórias, que somam 123 casos de desonerações (veja site da Receita Federal: http://imguol.com/blogs/52/files/2015/11/Desoneracoes-2014-2018.pdf).

Essas desonerações, instituídas por medidas provisórias que, posteriormente, são convertidas em leis pelo Congresso, podem ser facilmente revogadas, a depender, é claro, da força do lobby dos setores afetados.

Um exemplo de aumento de carga tributária sem que haja necessidade de aumento de alíquota e que, nesse caso, se dá pela simples inércia do governo é a não correção da tabela progressiva do Imposto de Renda da pessoa física ou mesmo a sua correção com índices inferiores ao da inflação, o que já vem acontecendo faz algum tempo. Estudos mostram que a defasagem acumulada nos últimos 20 anos chega a 72%.

A Receita Federal considera desonerações tributárias "todas e quaisquer situações que promovam: presunções creditícias, isenções, anistias, reduções de alíquotas, deduções, abatimentos e diferimentos de obrigações de natureza tributária". A projeção das desonerações tributárias do Projeto de Lei Orçamentária Anual (PLOA) de 2016 é de R$ 271 bilhões.

Nesses tempos de penúria por que passa o governo, não custa dar uma olhada nas informações disponibilizadas no site da Receita Federal. Precisamos conhecer melhor essas desonerações para saber se são justificáveis e fazem sentido para toda a sociedade ou se apenas privilegiam setores poderosos da economia. O endereço é: https://idg.receita.fazenda.gov.br/dados/receitadata/ renuncia-fiscal/demonstrativos-dos-gastos-tributarios/ bases-efetivas.

6

OS FUNDOS

DE PENSÃO

UM CONDOMÍNIO FECHADO ONDE OS RISCOS SÃO COMPARTILHADOS COM VOCÊ

O QUE SÃO FUNDOS DE PENSÃO?

SÃO ENTIDADES FECHADAS DE PREVIDÊNCIA PRIVADA, UMA ALTERNATIVA PARA A COMPLEMENTAÇÃO DE SUA APOSENTADORIA

Ao contrário da Previdência Social, que é obrigatória para todo trabalhador que está no mercado formal, as entidades fechadas de previdência são **organizadas por uma empresa ou grupos de empresas e dirigidas aos empregados** que desejam se inscrever nelas, em caráter facultativo.

Os fundos de pensão realizam investimentos com a finalidade de garantir a seus participantes o pagamento de benefícios complementares aos da previdência oficial.

As entidades fechadas não têm fins lucrativos, são proibidas de distribuir os lucros de suas aplicações e possuem autonomia administrativa e financeira. Formam reservas técnicas a partir de um processo ininterrupto de capitalização e das contribuições mensais dos participantes e das empresas patrocinadoras, visando o pagamento de benefícios aos seus participantes, conforme contrato previamente assinado.

As contribuições formam um fundo, e seu patrimônio é aplicado em imóveis, ações e renda fixa, dentro dos limites estabelecidos pelo Conselho Monetário Nacional (CMN).

Para ser participante de um fundo de pensão, **é necessário que você trabalhe numa empresa** que ofereça esse benefício aos seus funcionários. A empresa é chamada de patrocinadora do fundo e, em geral, também faz contribuições em nome de seus funcionários.

ATENÇÃO

Os riscos atuariais (quando os participantes e aposentados vivem mais do que a expectativa de vida utilizada na apuração das obrigações do fundo, por exemplo) e também os riscos financeiros (perdas em aplicações) são divididos entre o patrocinador, os participantes e os aposentados. Na prática, quando há superávit, ou seja, o patrimônio supera as obrigações do fundo, é possível aumentar o valor do benefício e pagar as contribuições futuras. No entanto, quando há déficit, tanto o patrocinador quanto os participantes e aposentados terão que realizar contribuições adicionais na proporção contributiva até que o déficit seja eliminado. Daí a importância de acompanhar de perto a gestão do plano.

QUEM É O GESTOR DO FUNDO?

É O RESPONSÁVEL PELA ESTRATÉGIA DOS INVESTIMENTOS DEFINIDA PELO FUNDO

Note que o gestor não é a empresa patrocinadora do fundo, ou seja, a empresa na qual você trabalha e que patrocina os benefícios aos seus empregados.

O gestor é um profissional ou uma equipe de técnicos contratados pelo fundo de pensão para **gerir o patrimônio do fundo a fim de que este cresça** ao longo do tempo e seja suficiente para pagar a aposentadoria dos participantes (você e seus colegas de trabalho). Esse gestor, ou essa equipe de gestores, pode ser interno ou terceirizado.

As decisões relativas aos mercados em que se vai investir podem ser tomadas isoladamente pelo gestor ou passar por um conselho, que aprovará ou rejeitará as opções de investimentos indicadas pelo gestor.

Esse é um aspecto muito importante: você deve acompanhar periodicamente os investimentos que estão sendo realizados com o seu dinheiro. Só o sucesso dessas aplicações garantirá que você tenha a complementação de sua renda depois de aposentado. Portanto, fiscalize sempre.

COMO ACOMPANHAR E FISCALIZAR OS INVESTIMENTOS QUE ESTÃO SENDO FEITOS NO MEU FUNDO DE PENSÃO?

CONHEÇA PRIMEIRO A PREVIC, QUE PODE SER UMA GRANDE ALIADA NESTA EMPREITADA

A Superintendência Nacional de Previdência Complementar (Previc), entidade vinculada ao Ministério da Previdência, é a responsável pela fiscalização e supervisão das entidades fechadas de previdência (os fundos de pensão).

É a Previc quem **zela pelo cumprimento das metas** estabelecidas pelo fundo de pensão. Os técnicos da Previc querem, principalmente, certificar-se de que as aplicações feitas pelos gestores estão de acordo com as normas estabelecidas pelo CMN e seguem as melhores práticas em investimento. Veja o guia destas práticas na página da Previc na internet[1].

Eles também **avaliam a solvência do fundo** e, se enxergam motivos para duvidar dessa solvência, podem optar pela intervenção no fundo.

Para os fundos que não se mostrarem capazes de cumprir com suas obrigações futuras, os técnicos da Previc em geral solicitam recursos complementares da patrocinadora, dos próprios participantes e

---

[1] Disponível em: http://www.previc.gov.br/menu-de-apoio/guia-de-melhores-praticas-1

aposentados para cobrir o **déficit atuarial**. Na prática, isso significa que o participante deverá aumentar as suas contribuições ao fundo ou verá o seu benefício reduzido no futuro.

DÉFICIT ATUARIAL

O termo é utilizado quando os ativos financeiros que formam o patrimônio do fundo são incapazes de garantir o pagamento dos benefícios dos participantes.

PROTEJA-SE

Procure a Previc sempre que desconfiar dos investimentos que constam na carteira do fundo. Os gestores são obrigados a lhe prestar essa informação periodicamente e, caso se neguem, você também deve comunicar à Previc.

QUAIS AS VANTAGENS DE ENTRAR PARA UM FUNDO DE PENSÃO?

A MAIOR DELAS É O TRATAMENTO TRIBUTÁRIO. ALÉM DISSO, EM GERAL, A EMPRESA TAMBÉM CONTRIBUI PARA A COMPLEMENTAÇÃO DA APOSENTADORIA

O participante de um fundo de pensão pode deduzir até 12% de sua renda tributável. Já a empresa que decidir contribuir em favor de seu funcionário pode descontar até 20% da folha de pagamento bruta anual.

Outra vantagem desse modelo é que, na maior parte das vezes, a **empresa em que você trabalha também irá colaborar para a formação do capital** que servirá de renda no futuro.

Mais um ponto a favor: mesmo quando a gestão do fundo é terceirizada, você tem acesso a fundos com taxas de administração inferiores às que teria de pagar caso investisse por meio de fundos de ações ou de renda fixa ou de planos abertos de previdência privada.

Enfim, **você passa a fazer parte de um grupo que tem o mesmo objetivo de investimento**, realiza contribuições regulares e sinaliza um horizonte de longo prazo para as aplicações. Juntos, esses ingredientes podem render bons frutos no processo de acumulação de capital para a sua aposentadoria.

Para o investidor menos disciplinado, então, as vantagens aumentam. Isso porque a contribuição que faz mensalmente para o fundo de pensão já é descontada todo mês do salário. Ou seja, **o dinheiro é aplicado antes de chegar às mãos do trabalhador.**

MUITO BOM

Outra grande vantagem dos fundos de pensão é a contribuição patronal, que costuma ser, em grande parte dos casos, paritária. Ou seja, para cada real investido pelo trabalhador, o patrão faz um aporte igual. Na prática, então, você tem na partida um ganho de 100% de suas aplicações.

A adesão aos fundos de pensão não é compulsória, mas os especialistas são unânimes em eleger esse veículo como um dos caminhos mais eficientes para levar o seu dinheiro para o futuro.

GANHOS FISCAIS

O rendimento das aplicações financeiras realizadas pelos gestores desses fundos também está livre do Imposto de Renda. Dessa forma, há um ganho potencial maior de suas aplicações em relação a fundos de renda fixa que não são destinados à aposentadoria, nos quais os ganhos são tributados periodicamente (veja mais no capítulo 5).

QUAIS AS DESVANTAGENS DESSA FORMA DE PREVIDÊNCIA?

É UM INVESTIMENTO DE BAIXA LIQUIDEZ

Esse não é um problema grave, desde que você observe que as suas contribuições para um fundo de pensão **se destinam necessariamente para os seus anos de aposentadoria** – ou seja, essa não é uma aplicação da qual se pode dispor a qualquer momento. Só é possível resgatar os recursos do fundo com antecedência quando você se desliga ou é demitido da empresa em que trabalha, a patrocinadora do fundo.

Nesse caso, existe a opção de resgatar ou de transferir os seus recursos para outro fundo de previdência privada.

Note que, se você optar pelo resgate, será tributado, mas se escolher manter a aplicação em outro fundo de previdência, continuará a contar com o benefício fiscal.

Outro ponto a considerar, em especial no que diz respeito aos fundos de pensão que ainda trabalham com planos de benefício definido: há o risco de insolvência do plano, e isso será pago por você. Por isso, é preciso ficar atento às informações periódicas do fundo.

COMO INGRESSAR NESSES FUNDOS?

PROCURE SE INFORMAR SE A EMPRESA EM QUE VOCÊ TRABALHA É PATROCINADORA DE ALGUM FUNDO DE PENSÃO

Caso a empresa na qual você trabalha patrocine um fundo de pensão, procure o departamento de Recursos Humanos e veja como você pode ingressar no fundo, quais são as condições exigidas para isso e quem é o gestor do fundo patrocinado pela empresa.

Você precisará **autorizar o desconto mensal** no seu salário como contribuição para o fundo.

Se o seu plano ainda contemplar o formato de benefício definido, a parcela desse desconto dependerá do valor que você quer receber na sua aposentadoria. Essa variável e a sua idade são fundamentais para calcular o valor de sua contribuição para o plano.

Mas, caso o fundo de pensão patrocinado por sua empresa adote o modelo de contribuição definida, você deve escolher a mensalidade mais adequada ao seu orçamento.

Não se esqueça de que é **a capitalização dessa mensalidade que servirá como pagamento de seu benefício no futuro**.

ATENÇÃO

Trabalhar para uma empresa que tem um fundo de pensão para os seus funcionários é um benefício e tanto e deve ser um ponto para você avaliar na hora de escolher o seu emprego.

QUAL A PARTE DO PATRÃO?

DEPENDE DO FORMATO DO PLANO CRIADO POR SUA EMPRESA

Cada empresa possui a sua política própria de benefícios. Algumas costumam contribuir com uma parcela igual à que é mensalmente paga pelo funcionário para o fundo de pensão, outras contribuem com um percentual até um determinado limite.

O patrão também arca, muitas vezes, com a diferença necessária para os ajustes atuariais – em caso de empresas que decidem criar um fundo de pensão, mas contam com funcionários com idade já bastante avançada e às vésperas da aposentadoria, por exemplo. Nesse caso, a empresa tem de entrar com recursos suficientes para compensar os anos em que o funcionário não contribuiu para o fundo, dada a inexistência desse tipo de benefício na ocasião em que foi contratado. Esse recurso é conhecido como contribuições de serviço passado. Seu objetivo é completar o saldo necessário para pagar o benefício dos participantes com idade avançada e poucos anos pela frente para realizar contribuições ao plano.

QUAIS OS RISCOS DESSE INVESTIMENTO?

O MAIOR RISCO É O FUNDO NÃO CONSEGUIR HONRAR COM SEUS COMPROMISSOS FUTUROS

Preocupar-se com esse risco não é um detalhe, principalmente em se tratando do dinheiro que irá garantir seu bem-estar nos anos em que você já não estará trabalhando.

Mas calma! Os administradores de fundos de pensão são obrigados a mantê-lo informado de todas as aplicações que estão sendo feitas.

Você pode e deve, portanto, **acompanhar a evolução do patrimônio do fundo**. A lei obriga que uma vez por ano seja publicado um balanço, mostrando todas as contas do fundo e os ativos que compõem sua carteira. Ou seja, quais os títulos de renda fixa, imóveis, ações e outros ativos que o gestor comprou para formar o patrimônio do fundo.

A Previc obriga ainda que a entidade envie trimestralmente aos participantes um **demonstrativo de seus investimentos**.

Você conta ainda com a fiscalização da Previc.

COMO ACOMPANHAR MINHAS APLICAÇÕES NOS FUNDOS DE PENSÃO?

OS GESTORES SÃO OBRIGADOS A PRESTAR CONTAS AOS PARTICIPANTES PERIODICAMENTE

Acompanhar o andamento de suas aplicações é fundamental. Você já deve ter percebido a importância disso, dada a quantidade de vezes que reforço essa orientação.

A boa notícia é que tanto a Previc, responsável por fiscalizar este mercado, como muitos fundos de pensão estão se empenhando em facilitar a sua vida nesse sentido. A Previc, inclusive, criou a obrigatoriedade de que as entidades tenham **canais específicos para dar mais transparência à gestão** e criem formas de **educar financeiramente os participantes**, alertando-os para os riscos dos investimentos que compõem a carteira do fundo.

A internet está demonstrando ser uma excelente ferramenta para isso. Esses fundos, em sua maioria, têm páginas na rede, nas quais fornecem informações a seus participantes, inclusive com a publicação de suas carteiras de investimentos.

Consulte periodicamente a página do seu fundo de pensão na rede e verifique se os investimentos que estão sendo realizados são condizentes com sua percepção de risco. Observe:

Títulos de renda fixa

> O emissor do papel é o risco de crédito, ou seja, é para ele que você, por meio do fundo, emprestou dinheiro, e espera receber o combinado no devido prazo. Lembre-se: títulos do Tesouro Nacional são considerados de menor risco de crédito do mercado. Assim, qualquer outro título de renda fixa deve pagar uma taxa de juros superior aos títulos do Tesouro de prazo semelhante.

Ações

> Neste caso, o fundo e seus participantes viram "sócios" da empresa cujas ações estão na carteira do fundo. Que empresa é essa? Quem são os controladores? Em que setor atua? O que os analistas estão dizendo sobre ela?

IMPORTANTE

Você também deve avaliar a rentabilidade do seu plano frente a alguns indicadores de mercado, tais como: inflação, Selic e IBOVESPA.

BOA INFORMAÇÃO

Na página da Previc na internet, você encontrará a relação de todas as entidades de previdência fechada com o respectivo endereço de suas páginas na internet[2].

Há muitas outras informações importantes no site do Ministério da Previdência[3]. Por isso, vale a pena investir tempo navegando na página para tirar dúvidas e colher informações sobre o seu fundo de pensão.

---

[2] Disponível em: http://www.previc.gov.br/a-previdencia-complementar-fechada/entidades-fechadas-de-previdencia-complementar-1
[3] Disponível em: http://www.mtps.gov.br/

> **FIQUE DE OLHO**
>
> Na página do Ministério da Previdência, você também encontrará a lista dos fundos de pensão que estão sob intervenção. Veja se o fundo para o qual você contribui consta nessa relação. Em caso positivo, acompanhe de perto a evolução da intervenção, cobre posições de sua empresa, que é a patrocinadora do fundo, e veja com quem ficará a gestão.
>
> Fique sempre de olho na solvência. Leia mais sobre solvência nas próximas páginas.

COMO ME PREPARAR PARA ESSES RISCOS?

A TRANSPARÊNCIA NA GESTÃO E NA INFORMAÇÃO É O MELHOR REMÉDIO

Você sabe, provavelmente aprendeu com seus pais e avós: **não adianta chorar o leite derramado!** Portanto, o trabalho para evitar os riscos deve ser feito antes. Se você tomar os devidos cuidados na hora de ingressar num fundo de pensão e acompanhar regularmente sua política de gestão e sua carteira de investimentos, dificilmente terá problemas.

Não, você não precisa ser um cientista espacial para acompanhar os seus investimentos. É bem mais simples do que parece a princípio – e, convenhamos, você é o cliente e tem todo o direito e dever de perguntar tudo, rigorosamente tudo, o que não entender. É obrigação de sua entidade fornecer informações de maneira clara para que você conheça todos os riscos a que está exposto e todos os investimentos que constam na carteira do fundo.

ATENÇÃO

Fraudes e falhas operacionais também podem gerar prejuízos para o plano. Por isso, fique atento aos controles internos utilizados pela entidade para evitar perdas financeiras no seu plano.

LONGO PRAZO

Para ter sucesso, uma estratégia de aposentadoria deve ter um acompanhamento regular, ainda que estejamos falando de investimento de longo prazo. Na verdade, justamente por isso.

Deve-se evitar a armadilha, criada pelo cérebro, de que investimentos de longo prazo não carecem do olhar atento do dia a dia. Pensar no longo prazo não significa descuidar de sua carteira hoje e só revisitá-la às vésperas da aposentadoria.

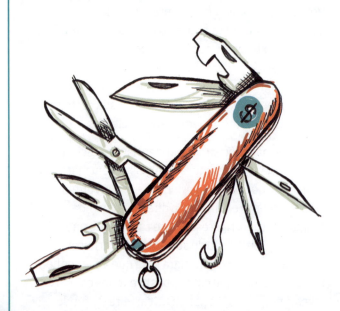

O QUE FAZER QUANDO DESCONFIO DE UM INVESTIMENTO QUE CONSTA NA CARTEIRA DO FUNDO?

AVISE À PREVIC E À EMPRESA PATROCINADORA

Como já vimos, a Previc é a responsável pela fiscalização e supervisão desse mercado e tem que ser avisada se algo estiver errado. Se todos os participantes cuidarem de, também, fiscalizar os seus planos, os olhos dessa entidade se multiplicam pelo mercado, que passa a contar com a ajuda valiosa de todos aqueles que têm os seus recursos aplicados nos fundos de pensão.

Portanto, sempre que algum investimento que constar na carteira do fundo o incomodar, seja porque você não o compreende, seja porque o emissor do título ou a ação da empresa lhe parecem de muito risco, **questione a sua entidade**. Não tenha medo nem vergonha de perguntar quantas vezes for necessário para que se sinta confortável com a resposta.

Se a resposta não o convencer ou, pior, se não houver resposta, comunique à Previc.

QUAL A MINHA GARANTIA DE QUE O FUNDO NÃO IRÁ QUEBRAR?

NENHUMA. POR ISSO É TÃO IMPORTANTE ACOMPANHAR O ÍNDICE DE SOLVÊNCIA DO FUNDO

Tudo sairá como o combinado se, ao longo desses muitos anos de acumulação dos recursos, a solvência do fundo estiver preservada.

Daí a importância de acompanhar de perto o desempenho do seu fundo. Para isso, tenha sempre em mira o parâmetro mais sensível, o chamado índice de solvência, que mostrará se há recursos suficientes para cumprir as obrigações do fundo.

É extremamente importante também que você acompanhe a precificação dos ativos que estão na carteira. Parece difícil? Nem tanto.

Esse jargão do mundo financeiro significa saber quanto custa cada bem, ou seja, título, ação, imóvel, enfim, todos os investimentos que constam na carteira e que devem ser contabilizados pelo seu real valor, o preço que está sendo negociado no mercado efetivamente.

O QUE É ÍNDICE DE SOLVÊNCIA?

É A MEDIDA QUE MOSTRA SE O FUNDO DE PENSÃO SERÁ CAPAZ DE PAGAR OS BENEFÍCIOS PROMETIDOS AOS PARTICIPANTES

O índice ou razão de solvência é a relação entre o valor total do ativo e do passivo do fundo de pensão. É esse índice que pontua a saúde financeira do fundo, ou seja, indica se os ativos são suficientes para fazer frente aos passivos.

O ativo é o conjunto de investimentos contabilizados na carteira, enquanto o passivo é constituído pelas obrigações atuais e futuras do fundo. Os principais itens do passivo são os benefícios concedidos (que já estão sendo pagos) e os a conceder (programados para o futuro), trazidos a valor presente.

A razão de solvência é determinada pelo quociente entre ativo e passivo. Quando o quociente é maior que 1, significa que a situação financeira do fundo é confortável. Caso contrário, um sinal de alerta deve se acender. Para os especialistas, qualquer valor abaixo de 0,75 é considerado altamente preocupante.

Fique sempre de olho no índice de solvência do fundo. Essa é uma informação que você poderá obter sempre que o fundo publicar o balanço de suas demonstrações financeiras.

RELATÓRIOS

Não parece ser a mais divertida das leituras – e, de fato, não é. Mas é fundamental que você leia sempre o Relatório Anual do seu plano. É lá que você encontra as informações que permitem uma análise clara e precisa da situação patrimonial, da estratégia e resultados de investimentos, das despesas administrativas e da situação atuarial do plano de benefícios. São grandes as chances de você encontrar termos que desconhece. Nesse caso, não hesite em procurar a entidade que administra seu plano ou o RH de sua empresa para que sejam esclarecidas todas as dúvidas que ficaram ao ler o relatório.

COMO SABER SE OS VALORES DOS INVESTIMENTOS QUE CONSTAM NA CARTEIRA ESTÃO CORRETOS?

CADA ATIVO TEM UMA FONTE DE INFORMAÇÃO ESPECÍFICA E É PRECISO QUE ESSAS FONTES ESTEJAM NO SEU RADAR

Os ativos que compõem o patrimônio de um fundo devem estar contabilizados pelo valor real de mercado, ou seja, o valor que seria efetivamente obtido numa eventual venda. **A contabilização de um ativo por um valor artificialmente inflado descaracteriza a razão de solvência.**

Em particular, os preços mais difíceis de determinar são os de imóveis e de participações em empresas cujas ações não são negociadas em bolsa (private equity).

É difícil precisar o quanto o mercado estaria disposto a pagar por um imóvel no momento em que há premência de vendê-lo. Da mesma forma, é difícil avaliar empresas cujas ações não são negociadas em bolsa pela falta de parâmetros comparativos de preços. Por essas razões, você deve ter atenção redobrada no que diz respeito à precificação de ativos dessa ordem.

Em relação a títulos de renda fixa, observe as condições de emissão para se certificar da qualidade desses papéis. Foque sempre no emissor do título para ter segurança de que este será honrado no vencimento. Além disso, fique atento ao prazo. Os títulos com prazos mais longos garantem maiores retornos, mas, por outro lado, também apresentam riscos maiores.

Você já percebeu a importância da correta precificação dos ativos de uma carteira. Portanto, fique atento.

Pior que estar num fundo com forte oscilação negativa, pela perda do valor de alguns de seus ativos, é constatar que o gestor de investimentos maquiou o resultado negativo por meio da precificação incorreta de ativos. Ou seja, registrou por um valor maior o investimento realizado pelo fundo. Se faltar transparência, você só descobrirá o prejuízo mais tarde, quando não haverá mais tempo para repor as perdas.

Repare que isso é verdade tanto para fundos de benefício definido quanto para os de contribuição definida.

O mundo da precificação dos ativos, que envolve registrar os investimentos pelo preço correto, tem que estar no seu radar para evitar prejuízos.

QUER UMA BOA ESTRATÉGIA? GUARDE MAIS AMANHÃ

A procrastinação, aquele hábito de deixar para depois de amanhã tudo o que você deveria ter feito ontem, é, para muitos pesquisadores na área de previdência, o maior inimigo dos seus sonhos de conquistar a independência financeira.

Este assunto é tão sério que universidades por todo o mundo têm pesquisado em profundidade o campo das finanças comportamentais para encontrar antídotos para esse verdadeiro veneno que é a procrastinação.

E observe que não se trata apenas de finanças. Sempre planejamos nos exercitar mais no futuro, iniciar uma dieta saudável na próxima semana e, claro, começar a guardar dinheiro no próximo mês ou ano. Mas são apenas promessas.

Com esse problema para resolver, economistas começaram a desenvolver estratégias para, pelo menos em relação ao dinheiro, driblar a procrastinação.

Foi nesse contexto que Richard Thaler e Cass Sunstein, economistas comportamentais muito próximos ao presidente americano, Barack Obama, criaram o "Save More Tomorrow", ou "Guarde mais amanhã".

Trata-se de um sistema que ajuda os investimentos para a aposentadoria, aumentando as aplicações automaticamente no futuro e não hoje. É uma forma de enganar o cérebro, uma vez que a natureza não nos ajuda muito quando o assunto é guardar dinheiro.

Pelo programa, os trabalhadores não comprometem nenhum centavo do seu salário atual para aplicações nos planos de previdência. Eles aplicam o que vão receber no próximo mês ou ano. No Brasil, equivaleria dizer que você aplica hoje o dinheiro que vai receber do décimo-terceiro no final do ano, por exemplo.

Pense: quantas vezes você planejou começar um programa de investimento com algum dinheiro extra que receberá no futuro? Mas, quando o dinheiro chega às nossas mãos, a determinação já não é tão forte, e a pressão pelos gastos e pagamentos urgentes não nos deixa outra alternativa a não ser atender às demandas financeiras imediatas e prometer que, da próxima vez, será diferente.

E assim vamos, deixando sempre para amanhã o início dos nossos investimentos para a aposentadoria. Um erro que custa caro, pois tempo, nesses casos, vale mais do que dinheiro. São as taxas compostas ao longo do tempo que farão o trabalho mais pesado nesse investimento, como você já viu nos capítulos anteriores deste guia.

Thaler e Sunstein são autores do livro *Nudge: O empurrão para a escolha certa*, editado no Brasil pela Campus. O livro traz mais informações sobre o programa "Save More Tomorrow", que conseguiu comprovar a eficiência de comprometer apenas a renda futura nos programas de investimento para a aposentadoria.

Assim, você faz a aplicação muito antes de o dinheiro chegar às suas mãos. Os pesquisadores constataram que, dessa forma, os trabalhadores conseguiam direcionar uma fatia cada vez maior de seu salário para os investimentos nos planos de pensão de suas empresas.

Nessa mesma linha, pesquisadores do Centro de Estudos para Aposentadoria do Boston College também publicaram um estudo para ajudar as estratégias com relação às dívidas. O programa ajuda a reduzir o prazo do pagamento das dívidas aumentando o valor das prestações a cada mês. Os pesquisadores fazem uma série de advertências sobre o resultado porque não tem relevância estatística, mas o estudo traz sugestões que pontuam uma forte demanda por produtos e serviços que ajudam a reduzir as dívidas.

As finanças comportamentais têm ajudado muito a criar estratégias que nos facilitam a conduzir essa difícil tarefa de guardar dinheiro para o futuro. É um desafio que tem chamado atenção de estudiosos e governo por todo o planeta.

A questão sobre quem irá custear os anos a mais de vida que ganhamos neste século é tão relevante que proliferam estudos envolvendo diversas áreas do conhecimento para tentar identificar formas de como melhorar a gestão das nossas finanças, a fim de que consigamos ter segurança financeira no futuro.

A previdência oficial, como você viu no capítulo 3 deste guia, o ajudará a ter o mínimo. Mas o mínimo mesmo. Quem cuidará de manter o seu padrão de vida será você mesmo.

Um levantamento feito pela Abrapp (Associação Brasileira das Entidades Fechadas de Previdência Complementar) mostrou que o valor médio pago em benefícios por seus associados é quase quatro vezes maior do que o valor do benefício médio pago pela previdência oficial:

> O valor médio pago pelos fundos de pensão é de R$ 4.400 na aposentadoria programada, em comparação a R$ 1.277 do INSS no período estudado;

> Na aposentadoria média por invalidez, o valor médio pago pelos fundos de pensão é de R$ 1.827, contra R$ 953 do INSS;

> Quanto às pensões, o valor médio pago pelos fundos foi de R$ 2.103 e o do INSS, R$ 987.

7

INFLAÇÃO, UMA GRANDE INIMIGA

OS 900 REAIS DE HOJE PODEM SER OS 500 REAIS DE AMANHÃ

O QUE É INFLAÇÃO?

É A VARIAÇÃO DOS PREÇOS DE BENS E SERVIÇOS CONSUMIDOS QUE ACABA POR CORROER O PODER DE COMPRA DE UMA MOEDA

Houve uma época em que os preços no Brasil chegavam a dobrar num único mês. Era um tempo de instabilidade monetária, em que o dinheiro perdia valor muito rápido e a economia brasileira vivia numa total desorganização. Estávamos à beira de um colapso econômico e passamos por diversos planos econômicos que traziam promessas de controle da inflação.

No entanto, desde meados de 1994, com o início do Plano Real, o Brasil tem trilhado o caminho de uma **estabilização monetária**, passando assim a conviver com **taxas de inflação bem mais razoáveis** do que aquelas que vivemos no final dos anos 1980.

Naquela época, os índices de inflação chegaram a atingir 80% ao mês. Para aqueles que não viveram o período de alta inflacionária, talvez seja difícil dimensionar o estrago que uma inflação descontrolada provoca nas finanças pessoais.

Mas, mesmo em níveis mais baixos do que os da década de 1980, a inflação nunca deve ser relegada a segundo plano. **Combater a inflação, ou seja, preservar nosso poder de compra, é fundamental para**

planejarmos o futuro. Mesmo pequenas taxas de inflação fazem estragos grandiosos no longo prazo. Numa estratégia de investimento para a aposentadoria, este é o inimigo número 1.

FATO

Independentemente da causa inicial do processo de elevação de preços, a inflação adquire autonomia suficiente para se autoalimentar por meio de reações em cadeia (a elevação de um preço puxa a de vários outros). Desse modo, configura-se a chamada "espiral inflacionária".

PIOR QUE IMPOSTO

Warren Buffett, um dos investidores mais bem-sucedidos no mundo, disse sobre a inflação: "A aritmética afirma que a inflação é um tributo mais devastador do que qualquer outro".

O tributo da inflação possui a fantástica capacidade de consumir capital. Para uma viúva cuja poupança rende 5%, não faz diferença pagar 100% de Imposto de Renda sobre os juros num período de inflação zero ou não pagar imposto num período de 5% de inflação. Nos dois casos, ela é taxada de tal forma que sua renda real é zero.

Veja abaixo um exemplo do crescimento da inflação entre 1996 e 2016.

IPCA

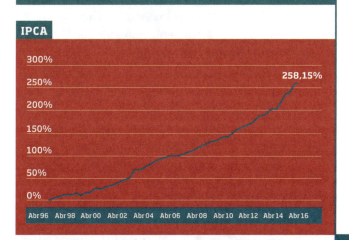

O QUE É META DE INFLAÇÃO?

É UMA FORMA DE DEFENDER O PODER DE COMPRA DE SEU DINHEIRO

Desde meados de 1999, o Banco Central do Brasil adotou uma **metodologia para a defesa da moeda** baseada em meta de inflação, utilizada em mais de 50 países. Meta de inflação é o mecanismo pelo qual o Banco Central anuncia publicamente o intervalo em que a taxa de inflação deverá ficar num período determinado. Se a inflação ameaça ultrapassar a meta, os juros sobem.

> **BANCO CENTRAL**
>
> O Banco Central tem como função assegurar a estabilidade da moeda e do sistema financeiro. Proteger a moeda significa manter seu poder de compra, ou seja, não deixar que a inflação acabe por corroer seu poder aquisitivo.

A taxa de juro básica é um dos instrumentos de política monetária, ou seja, ferramenta que pode ser utilizada para **manter o poder da moeda**. Para reduzir o dinheiro em circulação na economia e dessa forma frear o consumo, um dos alimentos inflacionários, o Comitê de Política Monetária (Copom) sanciona um ciclo de alta nos juros. O Copom é o órgão responsável por estabelecer as diretrizes de política monetária. Assim, o crédito fica mais caro e também aumenta a sedução por deixar o dinheiro aplicado em investimentos rendendo juros em vez de ir para o consumo.

AS MUITAS FACES DA INFLAÇÃO

Inflação de custos
> Processo inflacionário gerado pela elevação dos custos de produção, como câmbio e salários.

Inflação de demanda
> É causada pela expansão dos rendimentos. O volume de dinheiro em circulação na economia aumenta além da capacidade de produção das empresas, o que impede que todos os consumidores sejam atendidos. Ou seja, a oferta de produtos e serviços é menor do que a demanda – por isso, os preços aumentam.

Inflação inercial
> Trata-se de uma inflação muito intensa e persistente, gerada pelo reajuste pleno de preços, de acordo com a inflação observada no período imediatamente anterior.

COMO DEFENDER O DINHEIRO DA MINHA APOSENTADORIA DA INFLAÇÃO?

NÃO HÁ PROTEÇÃO TOTAL CONTRA A INFLAÇÃO, MAS ALGUNS ATIVOS REAIS PODEM AJUDAR. O IMPORTANTE É CUIDAR DO RENDIMENTO REAL DE SUAS APLICAÇÕES

O rendimento real de suas aplicações é que vai dar a certeza de que seu poder de compra está sendo mantido apesar da inflação. Contudo, em casos de crises, com a disparada das taxas de inflação, controlar as suas aplicações financeiras exige um cuidado redobrado.

Uma forma de se proteger é buscar títulos de renda fixa indexados à inflação (veja mais no capítulo 9 deste guia).

Em momentos de **hiperinflação** há uma tendência a buscar ativos reais.

HIPERINFLAÇÃO

Em momentos de hiperinflação, buscar aplicações em moedas mais fortes, como o dólar, pode ser, sim, uma alternativa. Nesse caso, atenção. Não estamos falando em comprar dólares e colocar debaixo do colchão, mas de aplicações em títulos cambiais ou fundos que tenham investimentos em moeda estrangeira (veja mais no capítulo 8 deste guia).

São ativos reais da economia: a terra, os imóveis, as máquinas etc. Tais ativos tendem a acompanhar a escalada de preços de uma economia atingida por taxas descontroladas de inflação. Não chegam a ser uma proteção perfeita contra a inflação, mas tendem a se mostrar mais seguros em períodos de desestabilização financeira — como em épocas de hiperinflação, quando os preços aumentam tanto que ninguém retém dinheiro, em razão da rapidez com que diminui o poder de compra de cada um.

COMO PREVER A TAXA DE INFLAÇÃO?

FIQUE ATENTO ÀS METAS DE INFLAÇÃO ESTABELECIDAS PELO GOVERNO E AO NOTICIÁRIO ECONÔMICO

O governo adotou, em 2000, a política de metas de inflação como parte de seu programa de estabilização. Trata-se da **definição de um objetivo inflacionário** para o ano e da determinação de um intervalo em que essa taxa poderá variar.

Se durante o ano a inflação der sinais de que ficará acima do intervalo determinado pelo governo, então o Comitê de Política Monetária (Copom) pode recorrer a instrumentos de ajuste, como a alta dos juros, por exemplo, para puxar a taxa de inflação para baixo.

Nos últimos anos, o Brasil não tem conseguido se manter na meta de inflação estabelecida, que era de 4,5% ao ano. As taxas até 2015 ficaram na banda superior da meta, ou seja, próximo a 6,5%.

Analistas de investimentos, gestores de carteira e economistas divulgam regularmente os seus **relatórios** com a expectativa para inflação e, mesmo antes de saírem os dados oficiais de 2015, já sinalizavam que a taxa ficaria acima da meta.

RELATÓRIOS

Bancos, corretoras e gestores de recursos costumam divulgar periodicamente suas previsões para a inflação e outros indicadores, como PIB (que mede a temperatura da economia), câmbio, juros, bolsa, entre outros.

Nesses relatórios há também análises setoriais e de empresas que ajudam investidores a montar suas carteiras de ações, por exemplo.

Na página do Banco Central[1], você encontra o boletim Focus, que mostra a mediana da expectativa do mercado.

É POSSÍVEL CALCULAR A PERDA DO VALOR DO DINHEIRO?

SIM, HÁ MUITAS FORMAS, SEMPRE UTILIZANDO AS TAXAS DE INFLAÇÃO

Uma regra muito utilizada para dimensionar a velocidade com que seu dinheiro perde valor é a chamada "regra 72". Segundo essa regra, se você dividir a taxa atual de inflação por 72, encontrará o número de anos em que os preços atuais terão dobrado de valor.

---

[1] Disponível em: http://www.bcb.gov.br/?FOCUSRELMERC

Então **fique de olho na meta de inflação**. Se, por exemplo, ela for 4%, então divida 72 por 4. O resultado, 18, é o tempo em que os preços terão dobrado. Então, por essa regra, estima-se que um bilhete de cinema, que hoje custa cerca de 20 reais, custará 40 reais em 2033.

QUAL A DIFERENÇA ENTRE GANHO NOMINAL E REAL?

O VALOR NOMINAL NÃO CONSIDERA A INFLAÇÃO NOS CÁLCULOS DO SEU RENDIMENTO

Nos dois casos você irá comparar o preço pelo qual pagou pelo ativo — seja ele um título de renda fixa, uma ação, um imóvel ou qualquer outro bem — com o preço pelo qual está vendendo ou a que ele está sendo cotado no mercado naquele momento.

Esse é um bom sinalizador, principalmente no curto prazo. Mas o seu foco, principalmente nas aplicações de médio e longo prazos, deve ser o ganho real, pois este vai medir se o rendimento foi maior do que a inflação.

Só o ganho real poderá lhe dizer se você está conseguindo aumentar o seu patrimônio ao longo do tempo de forma eficiente. De nada adianta ter ganhos se eles não forem suficientes para bater a inflação. Na prática, você estará perdendo dinheiro.

PARA QUE SERVEM OS ÍNDICES DE INFLAÇÃO?

PARA QUE VOCÊ ACOMPANHE A EVOLUÇÃO DO PODER DE COMPRA DO SEU SALÁRIO

Os índices de inflação **medem o comportamento de preços praticados** em determinadas regiões do país ou em determinados setores em períodos específicos. Os índices variam também na sua metodologia em relação ao mercado que pretendem acompanhar: se o atacado, o varejo ou o setor da construção civil, por exemplo.

Trata-se de um cálculo estatístico que pode servir para corrigir o valor do dinheiro no tempo.

Os índices de preços ao consumidor podem variar pela faixa de renda, porque para cada faixa de renda a cesta de bens consumidos é diferente, assim como o peso de cada produto para cada uma dessas cestas.

No Brasil, os índices que têm divulgação mais destacada nos meios de comunicação são o IPCA e o INPC, calculados pelo IBGE; o índice IPC da FIPE (Fundação Instituto de Pesquisas Econômicas); e os IGPs da Fundação Getulio Vargas.

Os três primeiros são índices ao consumidor no varejo, enquanto os IGPs combinam varejo e atacado.

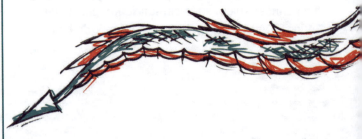

ÍNDICES DE PREÇOS

IPCA

Índice Nacional de Preços ao Consumidor Amplo – índice de inflação calculado pelo IBGE e utilizado pelo governo para a política de meta de inflação. Está entre os índices com maior abrangência geográfica e é calculado com base em índices elaborados para dez regiões metropolitanas mais Brasília, compreendendo 29% da população brasileira e 43% da população urbana. O índice é calculado a partir de uma cesta de itens representativos do consumo de famílias com renda entre 1 e 40 pisos salariais.

IPC/FIPE

Índice de Preços ao Consumidor da Fipe – índice de preços que reflete o consumo no município de São Paulo. É o mais tradicional indicador da evolução do custo de vida das famílias paulistanas e um dos mais antigos índices de inflação existentes no Brasil. O início da série é de 1939. É calculado para a faixa de renda familiar entre 1 e 20 salários mínimos.

IPC-BR

Índice de Preços ao Consumidor para o Brasil – calculado pela Fundação Getulio Vargas, o índice mede a evolução dos preços no varejo nas cidades do Rio de Janeiro e São Paulo para as classes de renda entre 1 e 33 salários mínimos.

IGP-M

> Índice Geral de Preços do Mercado – começou a ser calculado a partir de maio de 1989 pela Fundação Getulio Vargas. O período adotado para a coleta de preços é entre o dia 21 do mês anterior ao dia 20 do mês de referência. Esse índice é voltado predominantemente à comunidade financeira e é uma combinação de três outros índices: o IPA (Índice de Preços ao Atacado), o IPC-BR e o INCC.

IGP-DI

> Índice Geral de Preços – Disponibilidade Interna – também da FGV, tem a mesma metodologia do IGP-M, mas difere em relação às datas de coleta de preços. No IGP-DI, a coleta de preços é feita entre os dias 1º e 30 de cada mês.

INCC

> Índice Nacional de Custo da Construção – calculado pela Fundação Getulio Vargas, foi criado para medir a evolução dos custos da construção habitacional. São realizadas pesquisas em 18 capitais.

QUE ÍNDICES DE INFLAÇÃO DEVO USAR NO CÁLCULO DO MEU RENDIMENTO REAL?

UTILIZE OS ÍNDICES QUE ESPELHAM MELHOR O COMPORTAMENTO DE PREÇOS DO VAREJO

O melhor índice é o que reflete o comportamento de preços no varejo na região em que você vive. Isso porque é necessário medir a inflação que afeta o seu dia a dia, ou seja, a variação dos preços dos alimentos que a sua família consome, do vestuário e da escola dos seus filhos.

Essa é a inflação que lhe diz respeito.

Muitos analistas indicam o IPC da FIPE como um dos índices que melhor refletem os preços praticados no varejo. Mas observe que esse é um índice que mede o comportamento de preços ao consumidor apenas em São Paulo.

O índice que mede preços de varejo em nível nacional é o IPCA (Índice Nacional de Preços ao Consumidor Amplo), calculado pelo IBGE, que é também o índice oficial do governo para a meta de inflação.

Já os índices calculados pela Fundação Getulio Vargas, os IGPs, têm em sua composição uma parcela de 60% do Índice de Preços no Atacado (IPA), que mede o comportamento dos preços praticados no atacado, ou seja, os preços pagos nas negociações entre as indústrias e as grandes empresas de comércio.

Todos esses são **índices extremamente importantes** para avaliar o comportamento da economia.

QUAL A GARANTIA DE QUE MINHAS ECONOMIAS NÃO IRÃO PERDER PARA A INFLAÇÃO?

NENHUMA. DAÍ A IMPORTÂNCIA DE SE MANTER INFORMADO E TER UMA CARTEIRA DIVERSIFICADA DE INVESTIMENTOS

Houve um tempo em que, para o investidor comum, sem grandes fortunas aplicadas, manter-se informado era um brutal desafio. Esse tempo ficou para trás.

Hoje, só não acompanha os investimentos quem não quer — e este é um comportamento de altíssimo risco.

A internet facilitou muito a vida do investidor: com alguns cliques, você pode acessar notícias, informações sobre os seus investimentos e projeções de analistas e órgãos de fiscalização e regulação, como Comissão de Valores Mobiliários, Banco Central e muitos outros.

Hoje seu maior desafio é, na verdade, fazer uma seleção de quais serão as suas fontes de consulta e informação.

Não é um trabalho trivial, dada a quantidade de publicações disponíveis na internet. Mas, atenção, é importantíssimo que você faça essa seleção, principalmente para se certificar da qualidade e da veracidade das páginas que você acessa.

INFLAÇÃO, O PIOR IMPOSTO

No ano de 1995, uma passagem de ônibus em São Paulo custava 65 centavos. No momento em que finalizo este livro, primeiro semestre de 2016, a passagem na cidade custa R$ 3,80.

Se tivesse guardado o dinheiro do ônibus na caderneta de poupança, você teria hoje R$ 3,97 (rendimento de TR mais 6% ao ano). Em uma aplicação que tivesse um ganho real (acima da inflação) de 6% ao ano, você teria R$ 8,00, ou seja, você teria o dinheiro da ida e da volta e ainda sobraria um troco!

Daí a importância do investimento; ele encurta o caminho para a sua aposentadoria. Por isso, a poupança não é o melhor veículo para esse objetivo. Os cálculos são da A,R&D Finanças Pessoais, empresa especializada em planejamento financeiro pessoal.

E há o risco inclusive de, no longo prazo, a poupança perder até mesmo da inflação. Pouco adiantará o seu esforço de economizar dinheiro por anos a fio se seus recursos não estiverem aplicados em investimentos que ao menos protejam as suas economias do poder corrosivo da inflação.

Inflação é uma palavra latina que significa "inchação". Em sentido restrito quer dizer o inchaço de uma moeda.

Trata-se de um dos piores males que podem atacar uma economia, fazendo estragos profundos na grande parcela de sua sociedade. Por isso, a inflação não pode ser vista apenas como um detalhe. Sua evolução é um perigo para os seus investimentos.

A Alemanha, depois da Primeira Guerra, viveu um dos mais espetaculares casos de hiperinflação da história mundial. Os efeitos foram devastadores para a vida do povo alemão, duramente prejudicado pela espantosa desvalorização da moeda daquele país, o marco alemão.

Os anos entre 1920 e 1924 são chamados até hoje de "a era da inflação". Foi uma época de perdas substanciais para todas as classes, mas quem mais sofreu foram os mais pobres.

A inflação descontrolada sempre vai prejudicar mais as classes com menos acesso às informações e ao sistema financeiro. Por isso é tão cruel.

A hiperinflação tem o poder de desestruturar qualquer sistema político. Na Alemanha, o que se viu no pós-guerra foi uma onda avassaladora de corrupção entre políticos e funcionários públicos, e negociatas políticas entre os partidos, as Forças Armadas e os ministérios.

As condições de vida da população se deterioravam a cada dia, e a mortalidade infantil e a criminalidade eram crescentes.

No final da Primeira Guerra, o marco alemão valia aproximadamente a metade do que no início do conflito. Um marco-ouro (padrão no qual o papel-moeda era vendido) valia 2,2 marcos-papel (o papel-moeda propriamente dito). Em novembro de 1923, porém, um marco-ouro valia 1 trilhão de marcos-papel (ou, em numerais, a assustadora cifra de 1.000.000.000.000).

Em cinco anos, o marco alemão caiu para a quinquagésima bilionésima fração de seu valor. Ou seja, no fim da guerra, era possível comprar 500 bilhões de ovos com o mesmo dinheiro que, cinco anos mais tarde, dava para adquirir apenas um ovo.

As cédulas passaram a ser transportadas em enormes fardos, em carros de mudança e vagões de trens, para as cidades e províncias. O valor do tempo de trabalho de fabricantes de papel, engenheiros, gráficos, litógrafos, químicos de tintas e das demais pessoas envolvidas na produção de uma cédula era maior do que o valor da própria cédula depois de pronta.

Em 20 de novembro de 1923, o dólar alcançou a cotação oficial de 4,2 trilhões de marcos. Era o auge da loucura alemã. A poupança em dinheiro deixou de existir. Quem não encontrava bens para comprar, gastava seu dinheiro com divertimento, já não havia motivos para economizar dinheiro. Aliás, esse passava a ser um dos grandes perigos, pois qualquer quantia guardada perdia o valor em questão de horas.

O aumento do salário em papel-moeda de nada adiantava. Pelo contrário, quanto mais papel-moeda se gastava, mais rapidamente seu valor decrescia. Diversos empresários passaram a pagar seus funcionários com mantimentos. Mas isso era apenas um expediente paliativo e provisório.

Havia tantas notas a serem impressas que o Reichsbank, o Banco Central da Alemanha naquela época, não dava conta da impressão. Por isso, além da gráfica oficial, um grande número de gráficas particulares trabalhava na impressão de notas, em valores cada vez maiores. Uma passagem de bonde chegou a custar uma nota de 1 bilhão de marcos.

A inflação destrói o principal papel da moeda de qualquer economia: manter o seu valor de compra. A moeda tem de durar, ter estabilidade, manter o seu valor para poder cumprir a sua função de importante meio de troca.

8

CAR TEIRA
DE INVESTIMENTOS

GUARDAR DINHEIRO NÃO É SUFICIENTE PARA ENGORDAR AS SUAS ECONOMIAS. É PRECISO INVESTIR

SE EU FOR DISCIPLINADO E GUARDAR DINHEIRO TODO MÊS, CONSEGUIREI TER UMA APOSENTADORIA TRANQUILA?

NÃO BASTA GUARDAR DINHEIRO. VOCÊ PRECISA INVESTIR PARA TER O SUFICIENTE PARA A SUA MANUTENÇÃO NA APOSENTADORIA

Há uma diferença enorme entre guardar dinheiro e investir. Quando você guarda dinheiro, simplesmente o aplica com o objetivo de manter seu poder de compra, ou seja, faz aplicações que o protejam da inflação.

Mas quando você investe o seu dinheiro, quer mais do que uma taxa de retorno igual à da inflação. Nesse caso, você deseja fazer crescer seu patrimônio e, para tanto, busca rendimento acima da inflação.

Para garantir a sua aposentadoria, é preciso investir. Só uma estratégia de investimentos de longo prazo poderá dar a você a certeza de que seu patrimônio irá crescer ao longo do tempo.

Para isso, você deve estar disposto a correr riscos. O nível desses riscos dependerá de algumas variáveis, como a sua própria tolerância ao risco, a sua idade e o prazo de que você dispõe para atingir o seu objetivo.

A sua carteira, então, precisará ter investimentos que contemplem os mais diferentes graus de risco, criando um equilíbrio capaz de atender ao seu perfil

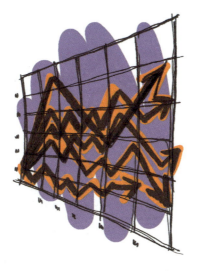

de investidor (seja você conservador, moderado ou arrojado) e também de fazer você atingir a sua meta — no caso, a aposentadoria.

Por mais conservador que você seja, por exemplo, a **sua carteira necessariamente deve ter uma parcela direcionada ao mercado de ações**. Para investimentos de longo prazo, você não poderá prescindir de aplicar na Bolsa de Valores. Isso porque, no longo prazo, as ações, quando bem escolhidas, podem fazer maravilhas e incrementar o seu patrimônio.

COMO UM INVESTIMENTO PODE ME TRAZER ALGUMA VANTAGEM?

QUANDO VOCÊ INVESTE, ESTÁ ACRESCENTANDO CAPACIDADE DE CONSUMO AO DINHEIRO QUE ECONOMIZOU

Imagine que, em agosto de 1994, você estivesse guardando dinheiro para sua festa de réveillon no final do ano 2000. Em seu orçamento, você separou 100 reais para comprar o refrigerante que iria servir na festa. Se tivesse deixado o dinheiro guardado no armário, teria uma desagradável surpresa. Os 100 reais

que, em agosto de 1994, compravam 182 latas de Coca-Cola (cada uma custava naquela época 55 centavos de reais) comprariam, em dezembro de 2000, apenas 100 latas. Em dezembro de 2015, os mesmos 100 reais comprariam apenas cerca de 40 latas (com custo médio da lata a 2,50 reais). Ou seja, **a inflação medida pela lata de Coca-Cola chegou a incríveis 354% nesses pouco mais de 20 anos.**

Se você tivesse optado por uma aplicação que rendesse a mesma taxa de inflação da lata de Coca-Cola, seu poder de compra estaria garantido e você compraria as mesmas 182 latas que tinha planejado.

Mas imagine que as 182 unidades fossem insuficientes para seus convidados. Você precisaria aplicar os 100 reais em investimentos que, além de proteger da inflação, aumentassem o seu poder de compra.

Se tivesse aplicado na bolsa, os mesmos 100 reais de agosto de 1994 comprariam agora, em dezembro de 2015, 418 latas de Coca-Cola. Se sua aplicação fosse em renda fixa atrelada ao CDI (taxa de juro que serve de referência a essas aplicações), os 100 reais comprariam, em dezembro de 2015, **1.508 latas** do refrigerante.

QUAL A DIFERENÇA ENTRE O INVESTIMENTO PARA A APOSENTADORIA E PARA OUTRAS APLICAÇÕES?

COMO QUALQUER INVESTIMENTO DE LONGO PRAZO, VOCÊ PODERÁ ASSUMIR MAIS RISCOS E TAMBÉM USUFRUIR DOS BENEFÍCIOS FISCAIS

Por isso, é importante **separar seus recursos de longo prazo daqueles que você precisará utilizar no curto ou médio prazo.** A vantagem fiscal para aplicações de longo prazo se traduz desde alíquotas menores no Imposto de Renda sobre os ganhos da aplicação até mesmo em benefícios como descontar da sua renda tributável as aplicações que são feitas nos planos de previdência (caso dos PGBLs e dos fundos de pensão). Mas esse é um tema que tratamos em detalhes no capítulo 5 deste guia.

Nas aplicações de curto prazo, é prudente concentrar os recursos em investimentos de baixíssimo risco. Já nas de médio prazo, você pode até dedicar uma pequena parcela a aplicações de maior risco, como as ações.

No longo prazo, porém, o tempo está a seu favor e permite que você se dedique a mercados com maior potencial de ganho que no curto prazo embutem um risco enorme aos seus recursos. Isso porque você terá tempo para recuperar perdas, seja pela volta do preço justo dos ativos, seja porque você terá contabilizado ganhos em outras aplicações que compensarão suas perdas.

COMO CALCULAR O RENDIMENTO REAL DAS MINHAS APLICAÇÕES?

DESCONTANDO A TAXA DE INFLAÇÃO DO MESMO PERÍODO DE SUA APLICAÇÃO

Descobrir o ganho real de suas aplicações não é uma tarefa difícil. Consultando as tabelas a seguir, comece calculando o seu ganho nominal. Depois, escolha um índice de inflação e desconte da sua taxa nominal o correspondente à inflação do mesmo período de sua aplicação. Para as aplicações de médio e longo prazos, esqueça o ganho nominal e foque no ganho real.

PASSO A PASSO

- Pegue as taxas em porcentagem, divida por 100 e some 1.
- Faça isso com a taxa de juros e a taxa de inflação.
- Divida agora o resultado obtido com a taxa de juros pelo resultado obtido com a inflação.
- Do resultado subtraia 1 e multiplique por 100.
- Pronto! Este é o juro real.

EXEMPLO.:

Taxa de juros: 14% aa

14 / 100 = 0,14

0,14 + 1 = 1,14

1,14 / 1,10 = 1,0364

1,0364 – 1 = 0,0364

0,0364 x 100 = 3,64

Taxa de inflação: 10% aa

10 / 100 = 0,10

0,10 + 1 = 1,10

Taxa de juros real :
3,64% aa

CALCULADORA DO CIDADÃO

Para ajudar nas contas, utilize a Calculadora do Cidadão do Banco Central. Simples e fácil de utilizar, ela ajuda mesmo os mais avessos à matemática financeira a fazer cálculos sobre ganhos e compará-los com alguns índices, inclusive de inflação.

A calculadora é gratuita e pode ser usada na página do Banco Central na internet ou baixada em aplicativos no seu celular. [1]

---

[1] Veja mais em http://www.bcb.gov.br/?CALCULADORA

QUAL A MELHOR CARTEIRA DOS 20 AOS 30 ANOS?

NESSA IDADE, VOCÊ PODE PRIVILEGIAR AS APLICAÇÕES DE MAIOR RISCO

São muitos os pontos favoráveis para essa faixa de idade. **Com o tempo a seu favor, você poderá ter uma parcela mais generosa em mercados de maior risco, como o de ações**. Seja por meio de fundos de investimentos ou comprando ações diretamente, esse é um caminho que pode ser seguido por aqueles que ainda estão a três décadas da aposentadoria. Veja mais sobre esses veículos de investimento no capítulo 10 deste guia.

Quanto mais perto você for chegando da aposentadoria, contudo, mais terá de ir reduzindo a parcela de risco de sua carteira de investimentos. Mas isso não será problema — a essa altura você já deverá ter incrementado bastante o seu patrimônio e faltará pouco para que atinja o seu objetivo.

Observe, porém, que em momentos em que as taxas de juro da economia estiverem em patamares muito elevados, principalmente quando ultrapassarem os dois dígitos, você poderá comprar papéis que garantam ganhos atraentes acima da inflação por um longo prazo (veja mais no capítulo 9).

CONCORRENTES

Não espere uma alta expressiva da Bolsa de Valores quando as taxas de juro estiverem muito altas. As aplicações em renda fixa (juros) concorrem diretamente com o mercado de ações. Elas são mais conservadoras e, se garantem ganhos muito altos, por que o investidor iria aplicar em ações?

Assim, em momentos de aperto monetário, com juro em alta, a bolsa tende a perder o brilho.

DERIVATIVOS

Os fundos derivativos, ou hedge funds, principalmente os mais arrojados, que alavancam posições, também podem fazer parte de sua carteira de investimentos. Mas observe que, em muitos casos, eles chegam a embutir um risco maior do que o próprio mercado de ações. Portanto, seja qual for o seu perfil de investidor, e por mais novo que você seja, tenha muito cuidado ao optar por esse tipo de aplicação. Note que fundos alavancados, na prática, significam que você tomou dinheiro emprestado, ou seja, em caso de perdas, você poderá inclusive ser chamado a aportar mais recursos para pagar o que ficou devendo.

QUAL A MELHOR CARTEIRA DOS 30 AOS 40 ANOS?

DEPENDE DO SEU PERFIL DE RISCO

Você **precisará formar uma carteira que lhe permita enfrentar os momentos de crise** – e esteja certo de que esses momentos virão – de forma confortável.

Só assim você evitará perdas desnecessárias. Para tanto, é fundamental que você só assuma os riscos que não transformem a sua vida numa situação

de tensão permanente. Ou seja, só deixe em aplicações mais arrojadas a parcela do dinheiro recomendada para investidores com o seu perfil.

Não adianta querer ir além do seu "apetite" para o risco. Dosando arrojo e cautela com inteligência, em períodos de fortes oscilações nos mercados, você não ficará tentado a resgatar todo o seu dinheiro num momento de baixa dos preços dos ativos para fugir do pânico da crise. Ao contrário, poderá inclusive aproveitar esses momentos e comprar bons ativos a preços baixos. Sim, é possível fazer excelentes investimentos em momentos de crise, desde que você se movimente com cautela, conheça os riscos de cada aplicação e tenha sempre em mente seu prazo de investimento.

Nessa época da vida, como ainda falta um tempo razoável para a sua aposentadoria, você necessariamente terá que deixar uma parcela em mercados de maior risco, mas que tenham um potencial de ganho maior em prazos mais longos para fazer o seu patrimônio crescer acima da inflação.

Dessa forma, **deixar de aplicar em ações pode ser um erro**, visto que não se trata de abrir mão totalmente dos investimentos de risco — que ainda serão muito necessários para a formação de seu patrimônio nessa faixa de idade.

Contudo, você deve aplicar em investimentos de risco apenas a parcela de seu dinheiro proporcional à sua disposição para assumir riscos.

QUAL A MELHOR CARTEIRA AOS 50 ANOS?

VOCÊ ESTÁ ÀS VÉSPERAS DA APOSENTADORIA: AGORA PRECISA SER CONSERVADOR

Quem passou todos esses anos cuidando dos investimentos para a aposentadoria certamente estará agora numa posição cômoda. Como você já tem 50 anos de idade, convém reduzir a parcela de aplicações de risco de sua carteira.

O seu salário provavelmente aumentou nesses anos, mas os seus gastos também devem ser maiores. Você ainda sofrerá uma forte pressão por gastos, mesmo se a essa altura já possuir casa própria. Os seus filhos devem estar cursando a faculdade e demandam despesas que não são pequenas. Então não lhe sobra muito para fazer novos depósitos em sua carteira de investimentos para a aposentadoria.

Confira qual o volume financeiro de sua carteira atualmente e veja quanto ainda falta acumular para chegar ao patrimônio ideal. **Quanto mais faltar, maior será o esforço que terá que fazer**, seja aumentando os aportes, seja adiando a data da sua aposentadoria.

DEVO VENDER MINHA CASA PARA AJUDAR A COMPLEMENTAR MINHA RENDA DEPOIS DE APOSENTADO?

DEPENDE DO VALOR DE SUA CASA E DO CUSTO QUE VOCÊ TEM COM ELA MENSALMENTE

Se você já está com 50 ou 60 anos e não guardou nada, considere a possibilidade de vender a casa onde mora.

Mas note que, se você gosta de sua casa, essa pode ser uma decisão muito difícil.

Então, seja bem criterioso na avaliação.

Veja quanto você tem de gastos com sua casa mensalmente e quanto ela vale no mercado. **Verifique se o dinheiro que você irá arrecadar com a venda do imóvel será suficiente para você comprar uma casa menor com despesas menores.**

Assim, **você poderá reduzir os seus gastos mensais**. É importante saber se a diferença entre o valor de sua casa e o preço que terá que pagar pelo novo imóvel será suficiente para garantir uma renda mensal que seja satisfatória para a complementação de sua aposentadoria.

QUANTO A RENDA DE UM IMÓVEL PODE RENDER MENSALMENTE
(Aplicação durante 20 anos)

Diferença	10.000,00	40.000,00	70.000,00	100.000,00
Anos	20	20	20	20
Taxa aa	6%	6%	6%	6%
Acumulado	R$ 32.071,35	R$ 128.285,42	R$ 224.499,48	R$ 320.713,55
Renda mensal ao longo de 10 anos	R$ 351,79	R$ 1.407,16	R$ 2.462,54	R$ 3.517,91

COMO INVESTIR DEPOIS DE APOSENTADO?

VOCÊ AGORA PRECISA PROTEGER SEU PATRIMÔNIO

Até aqui você se preocupou em economizar para acumular o suficiente durante esses anos e ter uma renda que lhe garantisse conforto quando deixasse de trabalhar.

Pois bem, agora você está aposentado.

A principal mudança de atitude em relação aos seus investimentos é quanto à disposição para assumir riscos.

Para aumentar seu patrimônio, você precisou assumir uma parcela considerável de riscos, buscando aplicações mais rentáveis. **Agora é o inverso. Seja mais conservador**. Quanto mais idade você tiver, menor terá de ser a "fatia" aplicada em mercados de maior risco, como o de ações.

Uma pessoa com mais de 70 anos de idade, por exemplo, deve reduzir fortemente sua parcela em ações e mesmo essa fatia deverá ser direcionada a papéis de menor risco, como as ações de empresas boas pagadoras de dividendos (veja mais no capítulo 10).

Como não está mais trabalhando, pelo menos não integralmente, você **agora precisa proteger suas economias**. Um portfólio de renda fixa que garanta um fluxo de pagamento de juros é ideal para isso (veja mais no capítulo 9).

RENDA VITALÍCIA

Uma alternativa é recorrer a uma empresa de previdência privada e comprar um plano de renda vitalícia.

Ou seja, você entrega o dinheiro de que dispõe para sua aposentadoria à empresa, que vai garantir, enquanto você viver, uma renda mensal previamente acertada.

Observe no contrato a taxa de conversão do seu patrimônio para renda vitalícia e as cláusulas de reajuste: sua renda deve ficar sempre acima da inflação. Ao escolher a empresa, analise o custo do plano de previdência e certifique-se de que a instituição não corre o risco de desaparecer ao longo dos anos.

EM QUAIS MERCADOS DEVO INVESTIR?

O IDEAL É MESCLAR APLICAÇÕES EM RENDA FIXA E RENDA VARIÁVEL

As aplicações em **renda fixa são as mais conservadoras**, têm um fluxo de caixa constante e pagam juros. Podem ter rendimentos pós-fixados ou prefixados (veja mais no capítulo 9). Quando você compra um título de renda fixa, passa a ser credor do emissor do título.

Note que renda fixa não quer dizer que a rentabilidade da aplicação não varia. Os papéis de renda fixa têm um preço, que oscila diariamente. O que é fixo é o fluxo de pagamento de juros acordado no título. Assim, se precisar vender o título antes de seu vencimento, você poderá ter lucro ou prejuízo, dependendo do preço que pagou pelo título na compra. É considerada uma aplicação mais conservadora do que a renda variável porque as oscilações de preço costumam ser menores.

No mercado de renda variável, o principal produto são as ações. Ao comprar uma ação, você passa a ser sócio da empresa. Se a empresa obtiver lucro — e puder, portanto, distribuir dividendos —, você ganhará.

Perspectivas de aumento do lucro e de expansão da empresa também podem render ganhos para o investidor de ações, porque tendem a provocar uma valorização do preço das ações da empresa no mercado.

OS IMÓVEIS PODEM AJUDAR?

SIM, POIS OS IMÓVEIS SÃO UMA OPÇÃO DE INVESTIMENTO EM RENDA FIXA

Observe, no entanto, que, para que você tenha um rendimento quando estiver aposentado, **seus imóveis devem estar alugados**.

No período de acumulação de capital, você poderá fazer um bom investimento se comprar um imóvel numa área que seja valorizada no futuro. Mas cuidado: seu imóvel poderá perder valor se estiver numa área já saturada. Esse é um mercado para especialistas e você deverá se informar sobre as perspectivas de valorização da região em que está localizado o imóvel que pretende comprar.

O sindicato da habitação (Secovi) de seu estado poderá ajudá-lo na hora de fazer a avaliação de um imóvel. Outra opção é buscar informações nos departamentos universitários que analisam a área imobiliária. Corretores de imóveis e analistas de ações que acompanham empresas do setor também são boas fontes.

Enfim, você precisará ir a campo fazer a sua pesquisa.

INVESTIR EM OURO É UMA ALTERNATIVA?

NÃO. APESAR DE SER UM ATIVO REAL, ELE EMBUTE ALTO RISCO NO LONGO PRAZO

Ativos reais são considerados, em geral, **instrumentos que podem ser eficientes na proteção contra escaladas inflacionárias.**

No passado, o ouro serviu como proteção aos investidores brasileiros contra a inflação, principalmente porque, durante alguns anos, entre a década de 1980 e o início dos anos 1990, o ouro era muito utilizado como uma aplicação dolarizada.

Naquela época, não eram permitidas aplicações em dólar. O ouro, por seguir a cotação internacional, mostrava-se uma alternativa interessante para quem quisesse investir em dólar no Brasil.

Hoje, contudo, já não é mais necessário recorrer a esse caminho para ter aplicações dolarizadas.

Nos anos 1990, a cotação do metal foi pífia e encerrou a década com uma perda de 43% em relação ao IGP-DI (índice de inflação calculado pela Fundação Getulio Vargas).

Foi um período em que os bancos centrais de todo o mundo venderam boa parte de suas reservas cambiais que estavam aplicadas em ouro. O crescimento da economia chinesa nos anos 2000 e as incertezas na economia mundial a partir de 2008 deram um impulso ao preço do ouro na década passada, com a cotação atingindo R$ 1.405,00 em 2010. Mas o preço recuou com o enfraquecimento do crescimento chinês e a melhora internacional.

Veja no gráfico abaixo a volatilidade (oscilação) do preço do ouro, que é uma indicação de risco para qualquer investimento.

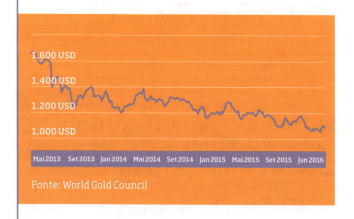

Fonte: World Gold Council

O DÓLAR É UM BOM INVESTIMENTO PARA A APOSENTADORIA?

NÃO. MESMO QUEM PRETENDE MORAR NO EXTERIOR NÃO PODE APENAS GUARDAR DÓLARES NA GAVETA

Guardar dólares debaixo do colchão, na gaveta ou no cofre não ajudará você a atingir seus objetivos — sejam eles a aposentadoria, a casa própria ou a escola de seus filhos — de forma eficiente.

Para quem quer fazer investimentos dolarizados, a melhor rota é procurar fundos cambiais, fundos de **investimento no exterior** ou ainda algumas alternativas de **aplicações diretas no mercado internacional**. As corretoras brasileiras que estão abrindo filiais no exterior são um caminho para acessar esses investimentos.

Essas corretoras estão abrindo negócios no exterior, principalmente em Miami, justamente para atender os brasileiros que querem investir parte da carteira em títulos do governo dos EUA ou em ações americanas.

Investir fora do país é uma prática perfeitamente legal, desde que seu dinheiro tenha origem comprovada e você pague os impostos exigidos. Ou seja, você não pode esconder a sua aplicação nem do Banco Central, nem da Receita Federal.

Mas não se esqueça: mesmo que as suas aplicações estejam em moeda estrangeira, é necessário fazer investimentos com potencial para dar mais rentabilidade ao seu patrimônio, com o objetivo de protegê-lo dos efeitos corrosivos da inflação e também para fazê-lo crescer.

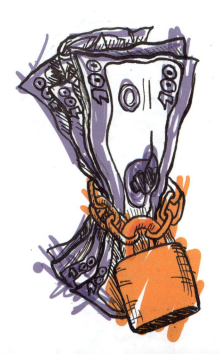

O DÓLAR É UMA PROTEÇÃO CONTRA A INFLAÇÃO?

NÃO. HÁ INSTRUMENTOS DE PROTEÇÃO MAIS EFICIENTES

Sozinho, o dólar não é, no longo prazo, uma proteção contra a inflação. Observe que **a inflação pode corroer o poder aquisitivo de qualquer moeda**, mesmo o dólar.

Portanto, é muito importante que as suas aplicações dolarizadas estejam voltadas para investimentos que tenham retornos positivos no longo prazo. Fundos cambiais, por exemplo, são aplicações dolarizadas, ou seja, acompanham a flutuação do dólar, mas embutem um ganho adicional com taxas de juro.

BIGMAC

O dólar serve de referência para saber se a moeda de determinado país está sobrevalorizada ou não. A revista inglesa *The Economist* criou o "índice Big Mac", um indicador do poder de compra baseado no famoso sanduíche. Feito com as mesmas matérias-primas em todo o mundo, o Big Mac serve como indicador do poder de compra da moeda de cada país em que é produzido.

SÓ TENHO 150 REAIS POR MÊS. VALE A PENA INVESTIR MESMO COM POUCO DINHEIRO?

SIM. O IMPORTANTE NÃO É INVESTIR MUITO, MAS INVESTIR SEMPRE

Mesmo com pouco dinheiro, você pode acumular um patrimônio que terá um peso importante na complementação de sua aposentadoria, desde que você tenha um horizonte de longo prazo para que o efeito das taxas de juro compostas faça o seu trabalho.

Então, 150 reais, para quem tem 20 anos de idade e pretende se aposentar aos 60, pode ser a medida ideal para formar um capital suficiente para garantir uma boa renda na aposentadoria.

Investindo 150 reais por mês, dos 20 aos 60 anos, a uma taxa média anual de retorno de 8%, você conseguirá um total de 527 mil reais, o que lhe garantirá uma renda mensal de 4,4 mil reais pelos 20 anos seguintes.

COMO TER GANHOS MESMO SENDO CONSERVADOR?

NO BRASIL, SER CONSERVADOR TEM SIDO UM EXCELENTE NEGÓCIO

Nos últimos 10 anos, a taxa de juro média ao ano no Brasil ficou em 18%. Ou seja, mesmo concentrando os seus investimentos em aplicações conservadoras, como as que integram o bloco da renda fixa, o brasileiro ganhou um bom dinheiro.

Ocorre que, ao longo dos anos, com a conquista da estabilidade monetária, a **taxa básica de juro da economia vem cedendo**. Mesmo em momentos de taxas de inflação mais alta — como no ano de 2015 —, que exigem ciclo de aperto monetário (juros subindo), a taxa nunca mais voltou a ficar acima dos 20% como no passado. Além disso, é de se esperar que os juros cedam tão logo a inflação volte para o centro da meta estabelecida pelo governo.

Por isso, é bom ficar atento. Em épocas de taxas de juro de um dígito, a diversificação é uma estratégia de investimento que, historicamente, tem-se mostrado bastante eficaz porque dilui riscos e ainda assim tende a ter uma rentabilidade diferenciada.

> **ATENÇÃO**
>
> Para ter uma diversificação eficiente, você precisa investir em mercados e em ativos que tenham correlação negativa, ou seja, que se comportem de forma que um proteja a carteira se o outro estiver em baixa.
>
> Ao comprar ações de diferentes setores, você não diversifica os seus investimentos, pois se mantém concentrado no mercado de ações. Da mesma forma, a compra de fundos de renda fixa de vários gestores não significa diversificação: ainda assim as suas aplicações estarão concentradas em renda fixa.
>
> Faça a sua diversificação em duas etapas. Na primeira, diversifique entre os mercados. Na segunda, diversifique entre os produtos de cada mercado.

A CADERNETA DE POUPANÇA PODE SER UMA OPÇÃO DE INVESTIMENTO PARA A APOSENTADORIA?

NÃO. NO LONGO PRAZO, SÃO GRANDES AS CHANCES DE A CADERNETA PERDER PARA A INFLAÇÃO

A maior parte do dinheiro que está aplicado na poupança serve para que os bancos façam empréstimos imobiliários. A taxa que os clientes pagam por esses empréstimos serve de base para a remuneração da poupança. Por isso, o rendimento da poupança nunca poderá ser muito atraente para não encarecer esses empréstimos.

Trata-se de uma aplicação extremamente conservadora. Apesar disso, tem duas vantagens: isenção de Imposto de Renda e a inexistência de taxa de administração.

Mesmo com essas vantagens, a **poupança não é indicada para investimentos para a aposentadoria**, pois costuma falhar no médio e longo prazos na proteção à inflação. E você já sabe: a alta dos preços é o seu maior inimigo ao construir um patrimônio para a aposentadoria.

VALE A PENA TRANSFERIR O DINHEIRO DA POUPANÇA PARA O TESOURO DIRETO?

SIM, PRINCIPALMENTE SE FOR UM INVESTIMENTO DE MÉDIO E LONGO PRAZOS

Quanto maior a quantidade de dinheiro e o prazo da aplicação, maior a diferença de rentabilidade entre os títulos do Tesouro e a poupança. Dinheiro na poupança só se for pouco, menos de mil reais, e assim mesmo apenas no curtíssimo prazo: menos de seis meses.

Há um equívoco comum de achar que a caderneta de poupança tem a garantia do governo. Muitas pessoas evitam resgatar o dinheiro dessa aplicação, mesmo com a baixa rentabilidade, porque acreditam que, em caso de problemas com o banco, o governo irá socorrer.

Engano. A poupança não conta com nenhuma proteção governamental. Está entre os produtos financeiros cobertos pelo **FGC**, o Fundo Garantidor de Crédito.

FGC

Trata-se de um fundo mantido pelos bancos e que cobre perdas totais de até 250 mil reais que um cliente tenha em caso de quebra do banco. Mas observe que esse limite engloba a soma de todos os créditos que o cliente tenha com o banco (poupança, CDB, conta corrente etc.).

COMO A INTERNET PODE ME AJUDAR A MONTAR MINHA ESTRATÉGIA DE INVESTIMENTO?

CERTIFIQUE-SE PRIMEIRO DA SERIEDADE DO CANAL QUE ESTÁ UTILIZANDO, TANTO PARA OBTER INFORMAÇÕES COMO PARA FAZER INVESTIMENTOS

O grande problema do pequeno investidor, no passado, era a dificuldade de acesso a informações e a produtos de investimento. A internet resolveu esse problema. Mas criou outros.

Hoje, o dilema está no excesso de informações e na quantidade de fraudes financeiras que podem se espalhar rapidamente na web.

Por isso, o seu primeiro grande trabalho é selecionar cuidadosamente as suas fontes de informação e os parceiros com os quais irá fazer as suas operações financeiras.

É IMPORTANTE QUESTIONAR:

> Quão confiáveis são esses parceiros?

> Podem prestar o serviço que estão prestando?

> Quem são os responsáveis?

Essas e outras perguntas devem ser feitas antes de você abrir a sua carteira e desembolsar qualquer recurso, por menor que seja.

Qualquer site de investimentos que receba aplicações de um investidor tem, necessariamente, de ser uma instituição financeira. Assim, você poderá obter informações sobre a instituição na Comissão de Valores Mobiliários (CVM) e no Banco Central (BC).

Antes de fazer qualquer investimento, apure dados sobre o histórico da corretora com a qual você vai trabalhar. Nunca esqueça que o meio da aplicação é virtual, mas a corretora tem que ser real.

Outra observação importante: faça as suas aplicações aos poucos. Comece investindo uma pequena parcela de capital e só com o tempo vá aumentando o seu relacionamento com a corretora.

A informação é a primeira linha de defesa contra golpes financeiros

> Procure conhecer o mercado antes de investir. Consulte a área educacional do site da CVM (Proteção e Educação ao Investidor) ou o Portal do Investidor.[2]

Desconfie de promessas de retornos elevados com baixo risco

> Rentabilidade e risco costumam andar de mãos dadas. Se é bom demais para ser verdade, provavelmente não é verdade.

Baseie a sua decisão em questões objetivas

> Golpistas são normalmente pessoas simpáticas e que estão habituadas a mentir. Por isso, tenha um espírito crítico.

Fonte: CVM

---

[2] Disponível em: www.portaldoinvestidor.gov.br

A SÍNDROME DE GANHAR NA LOTERIA

Há um consenso entre reguladores e gestores de políticas públicas de que é preciso investir muito em educação financeira porque o risco é alto de chegarmos ao futuro com uma enorme população que não terá condições de se manter. Isso porque o índice de poupança ainda é baixo na maior parte dos países e porque há pouca, pouquíssima, na verdade, educação previdenciária.

Assim, mesmo aqueles que conseguem guardar um bom dinheiro durante os anos de trabalho podem chegar ao futuro em risco. Não porque não guardaram, mas porque não saberão como usar o dinheiro acumulado. Não é uma conta das mais simples, e o principal desafio é que o fluxo se inverta, ou seja, você passa a retirar mais das suas reservas do que a contribuir. E isso vale para todos, mesmo aqueles que são mais moderados em seus gastos.

Mas é só o começo. As armadilhas são muitas.

Estudos realizados nos Estados Unidos falam sobre a "síndrome da loteria". Diz basicamente o seguinte: você mantém a disciplina por anos de investir regularmente para a sua aposentadoria. Quando completa o ciclo e vai resgatar o dinheiro, percebe que tem uma fortuna! Aí, sai gastando sem critério. E aquilo que levou 20, 30 anos para acumular desaparece em seis anos.

No Brasil não é diferente, e o patrimônio pode desaparecer até mesmo antes de o ciclo de acumulação se completar. Afinal, a sedução de uma carteira recheada é poderosíssima, principalmente quando ainda se tem muitos sonhos e demandas para alcançar. Daí que este é um risco que tem de ser levado em conta na hora de criar uma estratégia de resgate dos recursos acumulados para a aposentadoria.

Por isso, os analistas dizem que o ideal é fazer uma composição de vários instrumentos para financiar a aposentadoria: carteira própria, renda vitalícia, previdência oficial, ações etc.

Os produtos conhecidos como Produto de Renda Imediata (PRI) ainda são pouco utilizados no Brasil. A oferta está restrita aos planos empresariais. Por meio deles, você pode fazer um único aporte e comprar uma renda.

Essa renda pode ser vitalícia ou não. Ou seja, você pode optar por receber a renda durante toda a vida ou estipular um período pelo qual receberá os recursos. Pode ainda optar por deixar para um dependente receber os seus recursos após sua morte. Enfim, a configuração impactará diretamente no cálculo que estipulará o valor do benefício que você receberá mensalmente.

Uma renda por um tempo determinado, 20 anos, por exemplo, tende a ser maior do que se você estabelecer uma renda vitalícia. Isso porque, no século da longevidade, os atuários, aqueles profissionais que fazem os cálculos nas seguradoras para estipular os benefícios, tendem a estimar uma vida longa em suas contas.

É claro que o cliente pode morrer no dia seguinte à contratação do plano. Nesse caso, os recursos ficam para a seguradora. A não ser que ele tenha estipulado que deixará um herdeiro recebendo os recursos. Mas está aí outro ingrediente que atuará para reduzir o valor do benefício mensal.

Portanto, na hora de comprar a renda, todos esses ingredientes têm que ser pensados e estimados para se chegar ao valor final do benefício.

9

O PAPEL DA RENDA FIXA

UM COLCHÃO PARA DAR ESTABILIDADE À SUA CARTEIRA

O QUE É APLICAÇÃO EM RENDA FIXA?

É UM TIPO DE INVESTIMENTO EM TÍTULOS EMITIDOS PELO GOVERNO OU POR UMA EMPRESA OU BANCO, COM DIREITO A RECEBIMENTO DE JUROS

Fazer um investimento em renda fixa **significa comprar um título de dívida**. Trata-se de um contrato por meio do qual você empresta dinheiro ao emissor do papel, que, em troca, lhe paga quantias fixas a intervalos regulares: é o pagamento dos juros. Isso acontece até uma data específica, a data do vencimento do papel, quando então é feito um pagamento final, o resgate do título. Observe, contudo, que há títulos que concentram o pagamento dos juros no vencimento da aplicação.

Ao comprar um título de renda fixa, você compra um **fluxo de caixa fixo expresso em moeda nominal**. Esse fluxo de caixa é um fluxo de pagamentos que o emissor do papel faz para o investidor. Ou seja, você está emprestando dinheiro ao emissor do título que, em troca, pagará juros pelo empréstimo. As condições do pagamento desses juros são estabelecidas no título.

O QUE É TAXA DE JURO?
É UMA TAXA DE RETORNO PROMETIDA

Três fatores básicos vão contribuir para a formação das taxas de juro embutidas em qualquer título: a moeda em que será feito o pagamento, o prazo do título e o risco de inadimplência do emissor.

As taxas de juro são importantíssimas no funcionamento de uma economia. Taxas de juro altas, por exemplo, podem impedir alguém de comprar um carro ou uma casa por financiamento. E podem, ao mesmo tempo, incentivar que as pessoas poupem para receber um prêmio maior por adiar o consumo. Da mesma forma que essas taxas afetam a disposição das pessoas para consumir, também causam impacto nas decisões de investimento dos empresários.

Taxas altas podem adiar a expansão de uma fábrica, por exemplo, interferindo, como consequência, na geração de mais empregos.

PRINCIPAIS TAXAS DO MERCADO

Over Selic

 É a média das taxas das operações diárias do mercado com títulos públicos federais.

CDI Over

 Taxa de juro diária que é a média das taxas cobradas nos empréstimos entre os próprios bancos.

TBF (Taxa Básica Financeira)

 O seu cálculo é baseado na amostra das taxas pagas pelas 30 maiores instituições financeiras na captação de depósitos a prazo, como o CDB (Certificado de Depósito Bancário).

TR (Taxa Referencial)

 Modelo similar ao cálculo da TBF, mas sofre a incidência de um redutor. Faz parte do cálculo de remuneração da caderneta de poupança.

TJLP (Taxa de Juro de Longo Prazo)

 Taxa criada para as operações de longo prazo do BNDES. Seu cálculo é feito com base na expectativa de inflação e na média ponderada dos títulos da dívida externa federal e dos títulos da dívida interna federal.

SE A RENDA É FIXA, ENTÃO NÃO CORRO RISCOS, CERTO?

ERRADO. COMO TODO INVESTIMENTO, A RENDA FIXA TAMBÉM EMBUTE RISCOS, E É PRECISO CONHECÊ-LOS

Há basicamente dois riscos em todo título de renda fixa: risco de crédito e risco de mercado.

O **risco de crédito é a possibilidade de o emissor do título não honrar o pagamento de juros** e o resgate do papel. Ou seja, ficar inadimplente. Já o **risco de mercado é a oscilação do preço do título** no mercado. Sim, o preço dos papéis de renda fixa também varia diariamente no mercado, e, por isso, se precisar vender o papel antes do vencimento, você corre o risco de vendê-lo por um preço menor do que o que pagou ao comprá-lo.

Os títulos prefixados embutem um risco maior porque estão sujeitos às flutuações das taxas de juro do mercado. Ou seja, se você tem um papel com taxa prefixada de 10% e a taxa básica da economia sobe para 15%, seu título perde valor no mercado. No vencimento do papel, você receberá seus 10%, mas todo o restante da economia estará ganhando 15%.

Para ajustar essa diferença entre a taxa embutida no papel e a taxa da economia, o mercado pede um desconto para comprar esse papel, por isso o preço dele cai. Assim, se for vendê-lo, você vai apurar um valor menor do que o que desembolsou ao comprá-lo.

Em compensação, se a taxa básica da economia cai, o preço do seu título no mercado sobe, porque, ao comprar uma taxa prefixada, você travou uma taxa maior do que aquela com que a economia passou a trabalhar.

Já os papéis pós-fixados, como acompanham as oscilações da taxa, não embutem esse risco.

O QUE SÃO JUROS COMPOSTOS?

SÃO OS JUROS PAGOS SOBRE UM JURO JÁ VENCIDO

Nunca despreze a força dos juros compostos. Para as suas aplicações, **juros compostos podem, no longo prazo, fazer pouco dinheiro virar uma pequena fortuna.** Já para as suas dívidas, podem levá-lo à situação de insolvência. Daí a importância de nunca deixar saldo na fatura do cartão de crédito para o mês seguinte.

O juro composto é calculado sobre um montante cada vez maior, porque incide em um capital sobre o qual já foi paga uma taxa de juro. Por isso, seu resultado será sempre maior do que o juro simples.

O tempo adiciona valor ao dinheiro que está investido. Portanto, quanto mais tempo você tem, menores precisam ser seus aportes mensais para atingir os seus objetivos. Se você quer garantir a sua aposentadoria, por exemplo, quanto mais cedo começar a investir, por menos tempo terá de fazer aportes mensais ou anuais para conseguir acumular o suficiente para complementar o benefício da previdência oficial.

QUAIS SÃO AS APLICAÇÕES EM RENDA FIXA QUE EXISTEM?

OS TÍTULOS DE RENDA FIXA PODEM SER DIVIDIDOS ENTRE PÚBLICOS E PRIVADOS E TAMBÉM ENTRE PÓS E PREFIXADOS

Comprar um título de renda fixa prefixado é fazer uma **aplicação cuja rentabilidade nominal você conhece previamente**. Isso porque a taxa de retorno desse papel é acertada no momento da aplicação.

Nos papéis de renda fixa pós-fixados, a situação é inversa. Ou seja, você só conhece o retorno da aplicação na data de seu vencimento porque a sua rentabilidade está atrelada a uma taxa que tem variações periódicas.

Você poderá aplicar em títulos de renda fixa diretamente ou por meio de fundos de investimento. Entre as aplicações em renda fixa mais conhecidas estão os títulos do Tesouro Nacional, os CDBs, os fundos de investimento DI e de renda fixa, as Letras de Crédito Imobiliárias (LCIs), as Letras de Crédito Agropecuárias (LCAs), a caderneta de poupança e as debêntures.

O QUE É O CDB?

É UM CERTIFICADO DE DEPÓSITO BANCÁRIO, UM TÍTULO DE RENDA FIXA EMITIDO POR UM BANCO

O Certificado de Depósito Bancário (CDB) é a **forma pela qual você empresta dinheiro ao banco e recebe uma taxa de juro**. Essa taxa pode ser prefixada ou pós-fixada. As aplicações mais usuais são em CDBs com prazos que vão de 30 dias a dois anos.

Para os CDBs de prazos mais longos, os bancos costumam fazer uma operação de swap (troca) de taxa para o CDI, o que lhes garante o acompanhamento diário das taxas de juro interbancárias. Dessa forma, os CDBs não correm o risco de flutuação da taxa, mas também não têm ganhos previamente fixados se a taxa cair.

O maior risco desse papel é de inadimplência do emissor, ou seja, em caso de quebra do banco, o resgate do papel não é honrado.

FGC

Os CDBs fazem parte dos produtos bancários cobertos pelo Fundo Garantidor de Crédito (FGC). A garantia do FGC cobre até o limite de 250 mil reais. Mas note que nesse limite estão incluídos todos os seus créditos com o banco, até mesmo a poupança e a conta corrente. Ou seja, o que estiver acima desse valor, considerando a soma de todos esses recursos com o banco, fica fora da cobertura.

RISCO E OPORTUNIDADE

Cuidado com os CDBs que pagam taxas muito acima do mercado. A taxa de um CDB é proporcional à percepção de risco que o mercado tem em relação ao banco que emite o papel. Um banco que esteja pagando taxas muito altas talvez esteja com problemas de captação no mercado, o que pode ser um indicador de problemas com a sua saúde financeira.

No entanto, pode ser também uma oportunidade. Lembre-se que, até o limite de 250 mil reais, você tem cobertura do FGC. Assim, investindo um valor abaixo do limite, você tem a cobertura da aplicação e do rendimento.

Os bancos menores, chamados de segunda linha, costumam pagar taxas maiores no CDB. Se você aplicar a lógica do FGC, poderá maximizar os seus rendimentos com o risco coberto pelo fundo.

O QUE É O CDI?

É UM CERTIFICADO DE DEPÓSITO INTERFINANCEIRO QUE SERVE PARA A TROCA DE RESERVAS ENTRE OS BANCOS

O CDI é um título virtual, ou seja, não existe fisicamente. A taxa do CDI representa o custo que o banco tem para captar dinheiro no mercado interbancário, isto é, para fazer um empréstimo em outro banco.

Essa taxa, que varia diariamente, é o ponto de referência (benchmark) das aplicações em renda fixa no Brasil. Para saber se a sua aplicação em renda fixa está com boa rentabilidade, o investidor brasileiro acostumou-se a compará-la ao CDI.

O QUE SÃO TÍTULOS DO GOVERNO?

SÃO PAPÉIS EMITIDOS PELO PODER PÚBLICO FEDERAL, ESTADUAL OU MUNICIPAL

De modo geral, os títulos públicos hoje no mercado são **todos emitidos pela União**. O governo federal trocou os títulos da dívida dos estados e municípios por papéis emitidos pelo Tesouro Nacional. Essa troca corresponde à renegociação da dívida estadual e municipal. Os estados e municípios estão obrigados por lei a não aumentar as suas dívidas e, no futuro, quando voltarem a emitir papéis, vão precisar de um rating (nota dada por uma agência de classificação de risco) para conseguir vender esses papéis no mercado.

Isso acontece porque, desde a aprovação da Lei de Responsabilidade Fiscal, em maio de 2000, a União está proibida de refinanciar as dívidas dos estados e municípios. Assim, **o investidor que comprar títulos de um município deverá ter atenção redobrada, pois não deve se fiar na garantia da União**.

Se o prefeito não pagar a dívida de uma cidade, o governo também não poderá pagá-la. O rating do papel sinalizará a qualidade do seu emissor, ou seja, o risco de inadimplência de determinado estado ou município.

DEVO INVESTIR EM RENDA FIXA PARA A APOSENTADORIA?

SIM, PRINCIPALMENTE NO BRASIL, ONDE AS TAXAS DE JUROS SÃO MUITO ALTAS

As taxas de juros no Brasil já chegaram, nos anos 1990, a pagar 4% ao mês! Eram tempos difíceis, com o país lutando contra o ataque especulativo para derrubar a âncora cambial, principal pilar do programa brasileiro de estabilização monetária, lançado em 1994.

Hoje, esse patamar está bem mais razoável, mas ainda assim muito alto se comparado a padrões internacionais. Por isso, **a renda fixa ainda é e será por um bom tempo uma classe de ativo importante** na carteira de todo investidor brasileiro, seja qual for o objetivo.

Mas observe que dentro de uma classe de ativos há diferentes produtos, com prazos e taxas diferentes. Você poderá maximizar os ganhos e diluir o risco com uma estratégia de diversificação dessa carteira, combinando prazos e emissores diferentes.

PARA INVESTIR EM RENDA FIXA, VOCÊ PRECISA SABER:

Títulos do Tesouro Nacional têm o menor risco de crédito

> Portanto, sempre que comprar um título de renda fixa de banco ou empresa, compare com as taxas que os títulos do Tesouro Nacional com prazo semelhante estão pagando. Os papéis de bancos e empresas têm que ter uma taxa de retorno maior, pois representam um risco maior do que o Tesouro.

Nos fundos de investimento, atenção às taxas de administração

> Essas taxas são, na prática, o custo do seu investimento, quanto você paga ao gestor do fundo para fazer suas aplicações. É justo que o profissional receba pelo trabalho, mas no Brasil essas taxas já foram muito altas. Hoje, estão mais razoáveis, mas ainda assim há o risco de encontrar fundos muito caros, principalmente para aplicações menores.

Nos fundos de previdência, atente também às taxas de carregamento

> Nos PGBLs e VGBLs, além da taxa de administração, há a taxa de carregamento, que fica com uma parte de seus recursos no momento da aplicação. Hoje já há no mercado muitos fundos que não cobram essa taxa.

O TESOURO DIRETO É UM BOM INVESTIMENTO PARA A APOSENTADORIA?

SIM, PRINCIPALMENTE OS TÍTULOS INDEXADOS À INFLAÇÃO

Tesouro Direto é o programa pelo qual você pode comprar títulos do Tesouro Nacional diretamente. Trata-se de uma alternativa de investimento que todo investidor deve conhecer: é acessível, com aplicações abaixo de 100 reais, barata, segura e muito rentável, dada as altas taxas de juro praticadas no Brasil.

Os títulos mais competitivos são aqueles indexados à inflação, conhecidos como Tesouro IPCA +. Há papéis com diversos vencimentos. Esses títulos são ideais para quem está ainda no período de acumulação para a aposentadoria, pois não pagam juros semestrais. Os juros são acumulados e pagos no vencimento do título.

Já se você é aposentado e precisa desse fluxo de pagamento de juros para complementar sua renda mensal, o melhor é fazer uma carteira que combine diferentes vencimentos dos títulos Tesouro IPCA + com pagamento de juros. Dessa forma, observe:

> Os títulos com vencimento em anos ímpares vencem sempre no mês de maio e pagam juros nos meses de maio e novembro.

> Os títulos com vencimento em anos pares vencem sempre em agosto e pagam cupons de juro nos meses de agosto e fevereiro.

Com essa combinação, você já consegue montar um fluxo de receita trimestral. Mas você pode ainda complementar com os títulos do Tesouro Prefixado com juros semestrais, que vencem sempre em janeiro e pagam juros em janeiro e julho. Assim, você poderá contar com o recebimento de recursos nos meses de janeiro, fevereiro, maio, julho, agosto e novembro.

INVESTINDO

Para operar no Tesouro Direto é preciso ter uma conta de custódia numa corretora. Os agentes de custódia autorizados a operar estão na página do Tesouro Direto na internet [1]. Lá, você poderá encontrar muitas informações sobre os diversos papéis e explicações de como comprar e vender o seu título.

CUSTO

Na página do Tesouro Direto na internet, você também encontrará um ranking das taxas de corretagem cobradas pelas corretoras. Há também agentes que não cobram nada pela corretagem. Isso ocorre porque eles querem conquistar o cliente também para outros produtos e, por isso, fazem essa espécie de promoção.

---

[1] Disponível em: www.tesourodireto.gov.br

VALE A PENA RESGATAR O MEU PLANO DE PREVIDÊNCIA E MUDAR PARA O TESOURO DIRETO?

VOCÊ NÃO PRECISA RESGATAR, PODE MANTER AS DUAS APLICAÇÕES

Os títulos do Tesouro concorrem diretamente com os VGBLs, pois esses planos de previdência não contam com o benefício fiscal de dedução das aplicações da base tributável do Imposto de Renda, como ocorre com os PGBLs (leia mais sobre esse tema no capítulo 5).

A decisão de migrar ou não passa primeiro pela questão fiscal. **Você está usando de forma correta os benefícios fiscais que esses planos oferecem?**

Nesse caso, a análise deve ser mais abrangente que simplesmente observar se você faz a declaração de ajuste anual do Imposto de Renda pelo modelo completo ou simplificado.

Depois de analisar a questão fiscal, observe a performance da carteira do fundo em diversos cortes do tempo. Esse cuidado lhe dará uma ideia da qualidade do gestor do fundo.

O bom de ter um fundo é contar com um gestor profissional que irá comprar não um, mas diversos títulos públicos e privados, combinando prazos e taxas, e ainda saberá quando vender e comprar os papéis para maximizar o retorno. **O lado ruim é o custo, que muitas vezes é extremamente alto.**

Você descobrirá, avaliando o seu perfil como investidor, que vale a pena ter parte do dinheiro em fundos de previdência e comprar outra parte diretamente do Tesouro.

A APOSENTADORIA NO DIVÃ

Uma das principais razões que leva os paulistanos ao divã é a aposentadoria. Ou seja, parar de trabalhar não é um bom negócio para o bem-estar desses brasileiros. A constatação faz parte de uma reportagem de capa da revista *Veja São Paulo* publicada em agosto de 2012.

"Há vida após a aposentadoria?", perguntam esses brasileiros. Interessante notar que provavelmente se o jornalista perguntasse a essas pessoas o que elas acham de a reforma da previdência estabelecer como obrigatória a idade mínima da aposentadoria em 65 anos, pouca gente aprovaria a ideia. Para se aposentar oficialmente, o brasileiro médio acha que aos 50 e poucos (bem poucos) anos está de bom tamanho.

Quando o tema é idade mínima da aposentadoria, a resistência é forte. Mas a reforma da previdência brasileira vem aí para acabar com as distorções que levam a encontrarmos no Brasil aposentados até mesmo antes dos 50 (esses estão ficando cada vez mais raros por conta do Fator Previdenciário).

O fator previdenciário foi criado em 1999 para dissuadir os trabalhadores a buscarem aposentadoria precoce. Mas seu fim está próximo, pois com a reforma da previdência deverá vir a idade mínima para aposentadoria de homens e mulheres aos 65 anos de idade. Acha muito? Na Europa, onde há economias mais ricas do que a brasileira, esta já é uma realidade. Os suecos, por exemplo, que hoje têm idade mínima de 65 anos para a aposentadoria, já discutem um novo patamar: 75 anos!

Esse é um tema que precisa fazer parte da sua vida, ou você corre o risco de chegar ao futuro sem nenhum preparo do que vai encontrar, o que poderá lhe causar dissabores, para dizer o mínimo.

Pesquisadores do National Bureau of Economic Research, uma organização privada sem fins lucrativos que promove pesquisas que ajudam a entender a economia, fizeram três perguntas que embutem conceitos para o bom entendimento dos investimentos de longo prazo.

A pesquisa realizada nos Estados Unidos constatou que aqueles que responderam corretamente a todas as questões estão mais bem preparados para a aposentadoria.

Os conceitos basicamente focam conhecimentos sobre taxas de juro compostas, os efeitos da inflação e a diversificação de carteira. Eles são a essência de qualquer estratégia bem-sucedida para acumular um patrimônio para a aposentadoria.

Isso porque entender a "mágica" das taxas compostas nos dá a certeza de que será o tempo que fará o maior esforço nesse programa de investimento. Assim, investir cedo, ainda que pouco, faz muita diferença.

Entender o conceito de ganhos acima da inflação é fundamental para que o seu esforço não seja em vão – e, além disso, a importância da diversificação na hora de construir uma carteira para não concentrar riscos numa única aplicação.

FAÇA VOCÊ O TESTE

1 Você tem 100 dólares numa aplicação que rende 2% ao ano. Ao final de cinco anos, quanto você terá nessa conta:
a) Mais de 102 dólares.
b) Exatos 102.
c) Menos de 102 dólares.

2 Sua aplicação rende 1% ao ano e a taxa de inflação está em 2% ao ano. Ao final de um ano quanto você estará apto a comprar com esse dinheiro:
a) Mais do que hoje.
b) Exatamente o mesmo.
c) Menos do que hoje.

3 Diga se esta afirmativa é falsa ou verdadeira: Comprar a ação de uma única empresa em geral proporciona um retorno mais seguro do que comprar uma cota de um fundo de investimento.
a) Verdadeiro.
b) Falso.

As respostas estão ao final da página.

Respostas: 1.a; 2.c; 3.b

10

O MERCADO DE AÇÕES

E A SUA APOSENTADORIA

UM CAMINHO EFICIENTE PARA SER SÓCIO DE UMA EMPRESA

O QUE É UMA AÇÃO?

UMA AÇÃO REPRESENTA A MENOR PARCELA EM QUE SE DIVIDE O CAPITAL DE UMA EMPRESA

Quando abrem uma empresa, os donos aportam um dinheiro que vai formar o capital social. Com esse dinheiro, eles vão comprar máquinas e equipamentos, pagar empregados, enfim, fazer a empresa funcionar.

Uma empresa aberta caracteriza-se por ter as suas **ações negociadas em mercados organizados, como as Bolsas de Valores**. Como são negociadas diariamente, as ações sobem ou caem de preço, e a qualquer tempo podem ser convertidas em dinheiro pela negociação em Bolsa de Valores. O investidor em ações é sócio da empresa.

O QUE É BOLSA DE VALORES?

É O LUGAR ONDE COMPRADORES E VENDEDORES DE AÇÕES EFETUAM SEUS NEGÓCIOS

Na Bolsa de Valores, que também é uma empresa que tem ações em mercado, são realizadas as **operações de compra e venda de ações**. No pregão da bolsa, os corretores executam ordens de compra e venda dadas por seus clientes: os investidores.

O pregão, sessão durante a qual se negociam as ações, pode ser realizado num espaço físico da própria Bolsa de Valores ou por meio de transações eletrônicas. Na BM&F Bovespa, a única bolsa atualmente em funcionamento no Brasil, há apenas pregão eletrônico. Mas nem sempre foi assim. No passado, a BM&F negociava apenas contratos dos mercados derivativos;

as ações eram negociadas na Bovespa. Nos dois casos existiam pregões físicos e eletrônicos. A fusão das duas bolsas ocorreu em 2008.

As Bolsas de Valores são importantes numa economia, porque **permitem uma canalização rápida das poupanças para transformá-las em investimentos**.

1. **EMPRESAS** emitem ações na Bolsa para captar dinheiro.

2. **CORRETORES** vão à Bolsa de Valores e compram ações.

3. **OS INVESTIDORES** que têm dinheiro guardado compram essas ações por meio de um corretor de valores.

4. A empresa pega o **DINHEIRO** e investe em sua expansão.

5. **INVESTIDORES** guardam as suas ações e esperam sua valorização.

COMO COMPRAR AÇÕES PARA A MINHA APOSENTADORIA?

DEPENDE DA FASE EM QUE VOCÊ ESTÁ

Os analistas costumam dizer que há duas estratégias a pensar quando planejamos investimentos para a aposentadoria. A primeira é adequada ao período de acumulação de patrimônio para a sua aposentadoria. A segunda, ao período em que você já estiver aposentado.

Assim, quando estiver pensando em comprar ações para a sua aposentadoria, **você deverá considerar dois aspectos: o potencial de valorização da ação e o seu retorno com dividendos** (o *dividend yield*).

Se estiver no período de acumulação para a sua aposentadoria, o seu objetivo será o aumento do seu patrimônio. Você comprará ações dentro de uma estratégia de investimento que visa obter um retorno maior do que o que você teria com a renda fixa no longo prazo. Nesse investimento, você compra ações e as vende depois a um preço mais alto para embolsar o ganho. É a estratégia ideal para o período em que você está acumulando o seu patrimônio.

Mas, se você já estiver aposentado, deve comprar ações pensando em seus dividendos, buscando uma espécie de "pensão" para receber regularmente. Nesse caso, você terá de manter as suas ações na carteira, pois só assim os dividendos serão pagos.

CRESCER E PROTEGER

A sua carteira de ações poderá mesclar as ações chamadas pelos analistas de *growth*, que fazem crescer o seu patrimônio, e as ações *value*, de menor risco, cuja principal função é proteger o seu dinheiro, em vez de fazê-lo crescer de forma vigorosa.

O QUE SÃO DIVIDENDOS?
A SUA PARTE DO LUCRO NO NEGÓCIO

Sempre que uma empresa tem lucros, ela pode reservar parte desse resultado para distribuir a seus acionistas. Essa parte do lucro da empresa distribuída aos acionistas é chamada de "dividendo". No Brasil, uma empresa aberta é obrigada a distribuir 25% do lucro sob a forma de dividendos.

Empresas que tradicionalmente pagam bons dividendos são aquelas que têm uma alta geração de caixa e pouca necessidade de investimentos. Por não precisarem de recursos para investir em expansão ou modernização com muita frequência, essas empresas costumam distribuir a maior parte do lucro para os acionistas. Estão nessa categoria as empresas de energia, os bancos, entre outras.

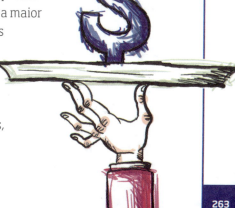

DIVIDENDOS PODEM SER UMA FONTE DE RENDA PARA COMPLEMENTAR MINHA APOSENTADORIA?

CERTAMENTE. POR ISSO, OS ANALISTAS INDICAM ESSE INVESTIMENTO PARA AQUELES QUE JÁ ESTÃO APOSENTADOS

Nos Estados Unidos, as ações de empresas boas pagadoras de dividendos são conhecidas como "ações de viúva". Sabe por quê? Porque muitas viúvas recebem essas ações como parte da herança deixada por seus maridos e vivem desses recursos. Mas lá a cultura do investimento em ações já contabiliza séculos: é um mercado bastante desenvolvido e está na rotina dos americanos.

No Brasil, contudo, os analistas não indicam que a carteira de uma pessoa já aposentada seja concentrada em ações, mesmo que sejam de empresas tradicionais no pagamento de dividendos. Na verdade, a recomendação antigamente era de que quanto mais próximo você estivesse da aposentadoria, menor deveria ser sua fatia em ações. O ideal seria zerar essa classe de ativos de seus investimentos quando você estivesse aposentado, pois essa é uma fase da vida em que não se pode correr muitos riscos com investimentos.

Com o aumento da expectativa de vida, contudo, essa recomendação vem mudando. Muitos consultores financeiros já dizem que, **pelo menos, uma parcela da carteira deve estar em ações**, mesmo depois que você se aposentar. Nesse caso, dizem os analistas, concentre seus investimentos em ações que pagam bons dividendos, justamente para complementar a sua aposentadoria com esse fluxo de recursos.

RETORNO COM DIVIDENDOS

O *dividend yield* ou retorno com dividendos é o resultado de uma fração em que o dividendo pago é o numerador e o preço da ação é o denominador (*dividend yield* = dividendo pago/preço da ação).

QUAIS OS RISCOS AO INVESTIR EM AÇÕES?

MUITOS, MAS O PRINCIPAL DELES É O RISCO ECONÔMICO

Uma desaceleração da economia tende a causar um impacto direto na Bolsa de Valores. Sem crescimento no país, o preço das ações tende a cair, porque a receita e os lucros das empresas entram em declínio.

Outro risco é o do próprio negócio da empresa: o seu setor de atuação pode entrar em declínio. Há também o risco de a administração da empresa ser ruim, isto é, a sua gestão não ser eficiente e os lucros da empresa, portanto, não serem compatíveis com os seus investimentos.

Mas você consegue se proteger desses dois últimos riscos analisando bem a empresa e a sua administração antes de selecioná-la para fazer parte de sua carteira de ações. Ou ainda escolhendo um bom gestor de fundos que tenha um time de analistas competente para fazer esse trabalho para você.

Por fim, há o **risco das taxas de juro**. Uma alta nas taxas de juro tende a se refletir na queda no preço das ações. Isso porque os títulos de renda fixa, aplicações mais conservadoras, passam a ter retornos maiores e a competir com as ações, que são aplicações de maior risco.

POSSO PERDER TODO MEU DINHEIRO?

SE A EMPRESA QUEBRAR, SIM, TODO O DINHEIRO QUE VOCÊ INVESTIU NELA É PERDIDO

Lembre-se: ao comprar ações de uma empresa, você se torna sócio do negócio. Se der lucro, você recebe uma parte, os dividendos, como já vimos. Se der prejuízo, você não recebe nada. E se a empresa falir, você perde todo o dinheiro investido nela. Simples assim. Daí a recomendação dos analistas de "nunca colocar todos os ovos numa mesma cesta" e ter uma carteira diversificada, com ações de diferentes setores.

POR QUE AS AÇÕES SÃO TÃO IMPORTANTES PARA A APOSENTADORIA?

PORQUE TENDEM, NO LONGO PRAZO, A PAGAR UM PRÊMIO MUITO ATRAENTE SOBRE AS APLICAÇÕES EM RENDA FIXA

O prêmio pago pelas ações é o ganho que você tem por ter deixado seu dinheiro num mercado de maior risco do que a renda fixa. Calcular o prêmio de uma determinada ação é dividir a performance da renda variável sobre a renda fixa, num prazo bem longo.

Nos Estados Unidos, as ações mais líquidas (mais negociadas) pagam em geral um prêmio de seis pontos percentuais acima da inflação ao ano. Já as menos líquidas, que embutem um risco maior, chegam a pagar 12 pontos percentuais acima da inflação.

No Brasil, contudo, as distorções nas taxas de juro foram tão grandes nas últimas décadas que o prêmio das ações sobre a renda fixa não existe na maior parte do tempo. Isso porque o país viveu sérias distorções econômicas por muitos anos, o que exigiu que o governo praticasse taxas de juro muito altas na sua trajetória de combate à inflação.

PARA QUE SERVEM AS CORRETORAS DE VALORES?

ASSIM COMO O CORRETOR DE IMÓVEIS, O CORRETOR DE VALORES É QUEM FAZ A INTERMEDIAÇÃO DO NEGÓCIO ENTRE O VENDEDOR E O COMPRADOR DAS AÇÕES

Sempre que você quiser comprar uma ação diretamente, ou seja, sem ser por meio de fundos de investimento, precisará de uma corretora de valores. A corretora é uma instituição financeira, fiscalizada pelo Banco Central, que pode estar ou não ligada a um banco.

O corretor executa as suas ordens no mercado, mas não assume os riscos por você. Para comprar uma ação, você precisa estar consciente de sua responsabilidade nesse investimento.

É importantíssimo que você se certifique de que a corretora está autorizada a operar pelo Banco Central e cadastrada na Comissão de Valores Mobiliários (CVM) e na Bolsa de Valores.

O QUE É HOME BROKER?

É UM CANAL DE RELACIONAMENTO ENTRE CORRETORA E INVESTIDORES PELA INTERNET

Na prática, funciona como se o **corretor de valores (*broker*) estivesse em sua casa (*home*)**. A bolsa criou esse sistema para **agilizar e baratear as operações** para as corretoras e para os investidores.

Por esse sistema, as suas ordens de compra e venda de ações são transmitidas pela internet diretamente para a Bolsa de Valores, sem precisar que um funcionário da corretora seja responsável por realizar a operação individualmente para cada cliente. Assim, mesmo quando as suas aplicações são pequenas, a corretora tem interesse em atendê-lo, pois com esse sistema você não se torna um cliente caro.

COMO ESCOLHER UM CORRETOR?

PESQUISANDO OS SERVIÇOS OFERECIDOS, OS PREÇOS E, PRINCIPALMENTE, O PASSADO DO CORRETOR

Um bom corretor vai lhe dar acesso a fontes de informações confiáveis sobre as empresas. Esqueça as "dicas". Informações confiáveis são geralmente encontradas em relatórios de bons analistas com estudos e projeções de crescimento para determinadas empresas. Guarde esses relatórios e acompanhe a evolução das ações. Você conhecerá os melhores analistas ao longo do tempo: são os que projetam resultados que mais se aproximam da realidade.

Os corretores ganham dinheiro quer você tenha lucro com suas ações ou não, porque **cobram uma taxa de corretagem** para executar as suas ordens na bolsa. Outro ponto é que, quanto mais ordens de compra e venda você der, mais dinheiro eles ganharão.

A decisão sobre a compra ou venda de uma ação tem de ser de sua inteira responsabilidade. Quanto menos você trocar de posições, mais economizará com corretagem.

DEVO COMPRAR AÇÕES DIRETAMENTE OU POR MEIO DE FUNDOS?

UMA DECISÃO NÃO IMPEDE A OUTRA: VOCÊ PODE FAZER OS DOIS

Se você não é um expert em mercado de ações e também não tem tempo para acompanhar a evolução da taxa de juro, do crescimento econômico, do valor das ações e outros pontos da rotina econômica que tanto influencia o sobe e desce das ações, então você é um forte candidato a ser cotista de um fundo de ações.

Ao comprar uma cota de um fundo, você paga um profissional, o gestor, para fazer esse trabalho de análise por você. Mas isso não significa que você não possa também comprar as suas ações diretamente ou, ainda, por meio dos ETFs.

Um Exchange Traded Fund, ou apenas ETF, é um fundo de investimento que negocia cotas na bolsa como se fossem ações. A forma de comprar é a mesma utilizada para comprar uma ação: você procura uma corretora, faz o seu cadastro e começa a comprar as cotas. Nesse caso, você não tem uma ação, mas uma carteira de ações, representada pela cota do fundo.

PARA QUE SERVEM OS ÍNDICES DE AÇÕES?

OS ÍNDICES SERVEM COMO UM BENCHMARK (PONTO DE REFERÊNCIA) PARA AS SUAS APLICAÇÕES

Os índices podem lhe dar rapidamente uma ideia de como um grupo específico de ações se comporta em relação a outro grupo ou à sua própria carteira de ações. O cálculo dos índices é feito a partir de uma carteira teórica de ações, uma carteira virtual, criada apenas para **medir o desempenho desses papéis**. Veja mais sobre os índices da BM&F Bovespa na internet (www.bmfbovespa.com.br/pt_br/produtos/indices/).

IMPORTANTES ÍNDICES DO MERCADO

Ibovespa

> É o principal índice de ações do mercado brasileiro e mede o comportamento das ações mais negociadas na bolsa.

IEE

> É um índice setorial, também calculado pela bolsa, que mede o desempenho das ações das principais empresas de energia elétrica.

FGV-100

> Índice calculado pela Fundação Getulio Vargas para avaliar o desempenho das 100 empresas privadas não financeiras mais capitalizadas na bolsa.

ONDE BUSCAR INFORMAÇÕES SOBRE DE QUAIS EMPRESAS COMPRAR AÇÕES?

HOJE SÃO MUITOS OS CANAIS DE INFORMAÇÃO, MAS TENHA SEMPRE COMO REFERÊNCIA OS ANALISTAS DE EMPRESA

Uma boa notícia para os investidores de maneira geral é que o avanço tecnológico, a abertura dos mercados e a competição entre os corretores de valores **multiplicaram a oferta de informações sobre o mercado de ações** e as empresas numa velocidade espantosa. Atualmente, é possível se informar sobre esse mercado pelo rádio, pela televisão, por vários jornais e revistas e, claro, pela internet.

Na internet você acessa os relatórios dos analistas. Também é possível obter muita informação nas páginas que as próprias empresas disponibilizam para relações com investidores. Em geral, nessas páginas, você encontra a relação dos analistas que cobrem a empresa e os seus contatos.

QUAL O VALOR MÍNIMO PARA APLICAR NA BOLSA?

O VALOR DEPENDERÁ DO SEU CORRETOR

Atualmente já **é possível investir quantias bem pequenas na bolsa**, até mesmo a partir de 100 reais. Mas, nesse caso, a recomendação é que você **opte por fundos de investimento**, porque assim, mesmo com valores pequenos, consegue acessar uma carteira diversificada.

A verdade é que a quantia mínima do investimento depende do seu corretor e do seu relacionamento com ele. Com a entrada em funcionamento do *home broker*, o sistema de compra e venda pela internet, comprar ações diretamente ficou mais fácil e mais barato para os pequenos e médios investidores.

Quando as suas aplicações são de valores muito pequenos, você provavelmente não terá o suficiente para comprar o lote-padrão de ações. Nesse caso, você comprará as ações no mercado fracionário.

A DIFÍCIL DECISÃO DE INVESTIR DURANTE A CRISE

Em 2000, quando a Bolsa de Valores estava em alta, um colega de trabalho disse: "Se a Bolsa chegar de novo aos oito mil pontos, eu vendo até a minha casa para comprar ações". Ele se referia ao período de crise que vivemos de 1997 a 1998. Passada a crise, a Bolsa entrou numa trajetória de forte alta.

Mas então chegou 2001. A crise da marcação a mercado nos fundos de investimento (quando estes foram obrigados a contabilizar os títulos de renda fixa pelo valor deles em mercado e não pela taxa de juro que embutiam), associada à perspectiva de eleição do então candidato do PT Luiz Inácio Lula da Silva, provocou uma fuga do mercado brasileiro, e o índice despencou.

Alguns anos mais tarde, voltei a encontrar esse conhecido e disse: "Você deve estar rico, não?" Afinal, o índice realmente despencou para depois voltar e bater recordes nos anos seguintes. Eu imaginei que ele tivesse entrado pesado no mercado naquela oportunidade de baixa e tivesse embolsado a alta dos anos seguintes. Mas eis que ouvi:

"Faltou coragem!"

O fato é que quando a crise chega são poucos aqueles que se lembram de que a Bolsa esteve em alta um dia. Além disso, nada garante que a crise vai passar tão rápido quanto você imagina. Pode apostar, manter o sangue frio quando as ações estão despencando é extremamente rentável, mas igualmente difícil.

Crises são momentos especialmente caros para os investidores de longo prazo, como aqueles que têm como meta a aposentadoria. Não só no mercado de ações, mas também em renda fixa. O nervosismo que se instala, a queda de renda e a fraca atividade econômica se refletem em preços muito baixos para vários ativos. E comprar bons produtos em promoção é um excelente negócio. Com ativos financeiros não é diferente.

No entanto, crise é uma coisa que a gente nunca sabe quando vai acabar. Daí a importância de direcionar a esses investimentos apenas aquele recurso que você não precisará resgatar no curto e médio prazos. Igualmente importante é saber se você tem sangue frio para suportar a espera.

Outro ponto ao qual você deve ficar atento é manter-se distante de boatos e de análises de investimentos que venham de políticos.

Quando estiver ocupado em proteger as suas aplicações e procurar as melhores oportunidades de investimento, não dê ouvidos ao que dizem os políticos sobre investimentos.

Dois episódios ocorridos nos últimos anos chamam a atenção pelo estrago que declarações políticas causaram àqueles que se deixaram guiar por elas.

MARCAÇÃO A MERCADO

Em 2001, na crise da marcação a mercado, cheguei a ouvir declarações de alguns políticos de que se tratava de um confisco! Fiquei surpresa como as pessoas não se preocupam em buscar informações. A crise da marcação a mercado foi amplamente anunciada. Os jornais escreveram sobre ela. Na época, eu era editora de investimentos do jornal *Valor Econômico* e fizemos matérias quase que diárias dizendo que a marcação a mercado deveria ocorrer e que os investidores deveriam checar se os seus gestores estavam fazendo a precificação correta dos ativos em carteira (veja mais sobre esse tema nos capítulos sobre renda fixa).

Então veio a crise, e muita gente saiu correndo para resgatar os seus recursos. Na hora errada. O resgate deveria ter sido feito antes, porque depois não só era inútil como tirava do cotista a oportunidade de obter um ganho relevante quando os papéis voltassem ao seu preço. A informação estava lá e muita gente amargou prejuízos desnecessários.

Daí a importância de saber separar o ruído, o boato, da informação correta.

11

SAÚDE,
O MELHOR INVESTIMENTO

**PLANEJAR A APOSENTADORIA
É MUITO MAIS QUE JUNTAR DINHEIRO**

CONSEGUIREI MANTER O MEU PLANO DE SAÚDE DEPOIS DE APOSENTADO?

SÓ SE VOCÊ SE PLANEJAR COM ANTECEDÊNCIA E MUITA ATENÇÃO

Este será o principal item de suas despesas depois de aposentado. O custo de saúde, tanto de planos como de medicamentos, cresce na mesma proporção dos avanços da medicina. Remédios, exames e os mais diversos procedimentos têm hoje tecnologia de ponta, mas custam caro. Muito caro.

São vários os equívocos comuns quando o assunto é plano de saúde na aposentadoria. Muitas pessoas ainda acreditam que poderão permanecer com o plano oferecido pela empresa em que trabalham depois de aposentadas. Não é bem assim e vale a pena procurar saber com muita antecedência **qual será o seu caso para começar a montar uma estratégia** de como financiar esses custos quando você se aposentar.

Segundo Maurício Ceschin, ex-presidente da Agência Nacional de Saúde Suplementar e especialista no tema, o primeiro passo é descobrir qual a sua situação em relação ao pagamento do plano de saúde oferecido pela empresa em que você trabalha. Existem duas classificações possíveis: contributário e não contributário.

No primeiro caso, você paga uma parcela mensal do plano, ou seja, divide com a empresa esse custo. Então, nada mais justo do que continuar com o plano mesmo depois que se aposentar. Pela lei, se você ajudou a financiar, tem direito adquirido. No entanto, depois de aposentado você assumirá 100% do custo. Ou seja, a sua despesa aumentará porque será você mesmo quem pagará a parte que antes era custeada pela empresa.

Outro ponto a ficar atento é por quanto tempo você terá direito a permanecer no plano depois da aposentadoria. Se você trabalhou na empresa por menos de 10 anos, poderá ficar com o plano por um período idêntico ao que passou trabalhando. Por exemplo: foi funcionário por três anos? Pode manter o plano por três anos depois de aposentado. Aqueles que trabalharam por mais de 10 anos na empresa poderão manter o plano por toda a vida.

Já a vida dos não contributários é mais difícil. Eles não têm direito a permanecer no mesmo plano que tinham antes da aposentadoria, ainda que banquem 100% da mensalidade. Portanto, terão que buscar no mercado um novo plano, o que significa enfrentar períodos de carência e um custo muito alto.

> **ATENÇÃO**
>
> Muita atenção para não confundir coparticipação com modelo contributário. Há muitos casos em que o plano dado pela empresa exige que você pague uma quantia sempre que o utilizar. Como não são parcelas fixas, você não está assumindo o custo do plano. Algumas empresas recorrem a esse mecanismo como fator moderador na utilização do plano.

SE A EMPRESA NÃO PAGA MAIS O MEU PLANO, QUEM PAGA?

VOCÊ. SIMPLES ASSIM

Daí a importância de começar a pensar nesse assunto o quanto antes e montar uma estratégia desde cedo. O segredo é **ter um bom planejamento para saber administrar o risco e ter uma reserva suficiente** para complementar a sua aposentadoria e também financiar seus gastos com medicamentos, exames, consultas, enfim as despesas médico-hospitalares.

Observe que essa estratégia não passa apenas pelo acúmulo de reserva financeira. Sem dúvida, esse é um pilar importante, mas há outros aspectos envolvidos. Até mesmo a cidade onde morar depois de aposentado passa por uma avaliação da oferta do sistema público de saúde. Sem o patrão para bancar os custos de seu plano, talvez você passe a considerar a alternativa de recorrer ao sistema público de saúde, e há cidades com excelentes padrões de atendimento nesse sistema. Por isso, vale a pena pesquisar.

HÁ APLICAÇÃO ESPECÍFICA PARA FINANCIAR O SEGURO-SAÚDE?

AINDA NÃO, MAS JÁ HÁ ESTUDOS NESSE SENTIDO

Está para ser regulamentado há alguns anos o chamado PGBL Saúde, um plano de previdência, com benefício fiscal, dedicado exclusivamente para custear gastos com saúde. Mas por enquanto são apenas projetos.

Por isso, **o melhor é você mesmo cuidar dessa parte**. É possível usar um plano de previdência como o PGBL como veículo de investimento para guardar os recursos que serão usados para custear os gastos com saúde.

Nesse caso, o melhor é optar pelo regime de tributação progressiva (veja mais no capítulo 5 deste guia). Assim, você poderá resgatar os recursos mesmo no curto prazo, caso necessite pagar despesas médicas, e poderá deduzir os gastos na declaração anual de ajuste do Imposto de Renda.

COMO INVESTIR PARA REDUZIR OS GASTOS COM SAÚDE NA APOSENTADORIA?

ESTE É UM INVESTIMENTO BARATO E COM RETORNO GARANTIDO: INVISTA NA QUALIDADE DE VIDA

Investir na qualidade de vida não custa caro e poderá trazer um **enorme retorno para o seu maior patrimônio: a sua saúde**. E esse é o caminho mais eficiente para reduzir seus gastos com saúde em qualquer momento do seu ciclo de vida.

Não há garantias de que acidentes não irão acontecer. Também não há garantias de que você estará 100% livre de algum percalço pelo caminho. Mas cuidar da qualidade de vida é algo que aumenta muito as suas chances de viver bem esses anos a mais que a revolução do aumento da expectativa de vida está nos entregando.

Além disso, saudável, você poderá continuar trabalhando, seja porque precisa complementar sua aposentadoria, seja porque quer desbravar novos desafios ou, simplesmente, porque quer manter-se ativo em sua profissão.

Confira uma relação de sites que podem fazer muito por sua saúde, pois trazem informações relevantes:

50+ CBN[1]

Aqui, você encontrará os podcasts do programa 50+ CBN, onde poderá ouvir várias entrevistas com especialistas das mais diversas áreas do conhecimento sobre os desafios de viver muito. É possível aprender a se preparar física, profissional e pessoalmente para viver muito além dos 50. O programa é ancorado por mim, pela jornalista Mariza Tavares, diretora de jornalismo da rádio CBN, e pelo médico Alexandre Kalache.

Drauzio Varella[2]

O site traz entrevistas com médicos de diversas especialidades e muitos artigos do próprio Drauzio Varella. Há vídeos, arquivos de áudio e ainda uma área com uma lista de serviços gratuitos para a população.

O médico Drauzio Varella tem um vasto currículo e já lançou diversos livros, entre eles *Estação Carandiru*, que foi para as telas do cinema. Chamo a atenção para o livro *Borboletas da alma*, que traz vários artigos com informações relevantes sobre formas de prevenção de muitas doenças. O título foi inspirado no anatomista espanhol Santiago Ramón y Cajal, que descobriu que o cérebro era povoado de células com incontáveis ramificações. Chamou-as neurônios e fez uma metáfora poética: "São as misteriosas borboletas da alma, cujo bater de asas poderá algum dia – quem sabe? – esclarecer os segredos da vida mental".

A teoria neuronal valeu ao anatomista o prêmio Nobel de Medicina. O último capítulo do livro de Drauzio Varella, "Vida e morte", trata sobre longevidade e envelhecimento.

---

[1] Disponível em: http://cbn.globoradio.globo.com/programas/50-mais-cbn/50-MAIS-CBN.htm

[2] Disponível em: http://www.drauziovarella.com.br/index.asp

Luis Fernando Correia[3]

O médico Luis Fernando Correia tem um boletim diário na CBN, o "Saúde em Foco", em que traz muitas informações sobre descobertas e pesquisas que estão sendo feitas em todo o mundo.

O médico tem um blog que complementa o boletim. Lá ele publicou, por exemplo, uma pesquisa feita nos EUA na qual foi observado que, se a mulher é fisicamente ativa, seu marido tem três vezes mais chances de ser também fisicamente ativo.

Organização Mundial da Saúde (OMS)

O único problema observado nesse site é a necessidade de saber, pelo menos, um pouco de inglês, francês ou espanhol para navegar. Mas é um portal riquíssimo em informações. A OMS tem um programa de envelhecimento ativo que foi dirigido por muitos anos pelo médico brasileiro Alexandre Kalache.[4]

QUAIS AS PRINCIPAIS AMEAÇAS À SAÚDE?

SEDENTARISMO, TABAGISMO E ESTRESSE

Eu sempre disse que o maior inimigo no investimento para a aposentadoria era a inflação. De fato o é, mas **maior do que o impacto da taxa de inflação no longo prazo é a destruição causada pelo fumo** no seu bem-estar e na sua saúde. Não subestime o poder devastador do cigarro em sua saúde.

---

[3]Disponível em: http://colunas.cbn.globoradio.globo.com/platb/luisfernandocorreia/LUIS-FERNANDO-CORREIA.htm
[4]Disponível em: http://www.who.int/topics/ageing/en/

Uma ampla pesquisa feita por três órgãos americanos com pessoas a partir de 50 anos de idade investigou a vida depois da aposentadoria. Os pesquisadores analisaram aspectos como saúde, finanças, relacionamentos etc. Chamaram a atenção na pesquisa o impacto do fumo na saúde e, principalmente, a falta de informação dos fumantes. Os males causados pelo fumo o levarão a gastar mais com saúde e ter menos chance de continuar trabalhando em atividades de meio período para complementar a sua aposentadoria, por exemplo.

Vários estudos estão sendo feitos em diversos países para mostrar formas eficientes de envelhecer bem. Todos mostram os efeitos nocivos do cigarro, do sedentarismo e do estresse.

Uma reportagem de capa da revista *Smart Money* que tratou de longevidade e saúde listou **outras recomendações a partir desses estudos:**

Coma pouco

Estudos mostram que as pessoas que comem menos tendem a viver mais, em alguns casos até 50% mais do que os mais gordos.

Mantenha o seu cérebro ativo

A educação tem forte relação com a longevidade. Um estudo da Universidade Columbia mostrou que 1 ano a mais de estudos pode aumentar a expectativa de vida dos americanos em 1,5 ano.

Faça exercícios

Essa recomendação aparece em muitos estudos sobre envelhecimento. Segundo uma pesquisa da Aliance for Aging Research, mesmo exercícios moderados fazem uma enorme diferença. Outro estudo de 2005 diz que um adulto que caminha apenas 30 minutos por dia adiciona mais de um ano em sua vida. Um estudo com homens mais velhos reportou que exercícios regulares podem reduzir em 20% a 30% o risco de morrer antes dos 90.

Relaxe

O estresse é um grande inimigo porque provoca um aumento na pressão sanguínea. Um estudo com 3 mil pessoas mostrou que aquelas que mantinham a pressão normal viveram mais cinco anos.

Tome banho de sol

A vitamina D, que é naturalmente produzida no corpo quando você fica exposto ao sol, é super--recomendada. Um estudo com 60 mil pessoas mostrou que quem tomou vitamina D reduziu em 7% o risco de morte.

Beba vinho

O resveratrol é um poderoso antioxidante encontrado no vinho.

POSSO SER DEPENDENTE DO MEU FILHO NO SEGURO-SAÚDE?

SIM, MAS ISSO TEM UM CUSTO E NÃO É PEQUENO

Segundo a Agência Nacional de Saúde Suplementar (ANS), os **seus familiares podem ser seus dependentes** no seguro-saúde, respeitados os graus de parentesco previstos na legislação: até o 3º grau de parentesco consanguíneo, até o 2º grau de parentesco por afinidade e cônjuge ou companheiro. Veja mais no site da ANS.[5]

---

[5] Disponível em: http://www.ans.gov.br/planos-de-saude-e-operadoras/contratacao-e-troca-de-plano/dicas-para-escolher-um-plano/14-planos-de-saude-e-operadoras/contratacao-e-troca-de-plano/467-planos-coletivos#sthash.MCK08VlN.dpuf

No entanto, se você for dependente do seu filho no plano de saúde, **haverá um custo, que não é pequeno**, no valor que ele paga ao plano. Há empresas que subsidiam parte desse custo para os seus funcionários, mas não é a regra. Além disso, em muitos casos é necessário comprovar essa relação de dependência no Imposto de Renda.

COMPENSA TER UM SEGURO-SAÚDE INTERNACIONAL?
DEPENDE DAS SUAS DEMANDAS

A oferta de planos de saúde internacionais tem aumentado muito nos últimos anos. Essa é uma área cinzenta da legislação. A lei permite que você compre um plano internacional no exterior. O que ocorre é que a oferta tem sido feita no Brasil, o que, pelo rigor da lei, não é permitido.

No entanto, cada vez mais brasileiros têm comprado esse tipo de proteção, principalmente porque não há no Brasil nenhum modelo semelhante. **As apólices vendidas no exterior reúnem num único produto proteção contra despesas médicas e acumulação de patrimônio para a aposentadoria**. Basicamente, boa parte do pagamento da apólice vai para uma reserva que o segurado poderá resgatar no futuro. No entanto, se este precisar cobrir custos expressivos com saúde, como uma cirurgia, internação e outros, poderá acionar a companhia seguradora.

Há dois riscos nesse tipo de produto. O primeiro é **cambial**: você está sujeito à variação da moeda. Portanto, recomenda o bom senso que você tenha uma reserva em aplicações dolarizadas para cobrir a despesa com o seguro quando o dólar estiver em alta.

O segundo risco é **quanto à seguradora.** É preciso, antes de colocar a mão no bolso, colher informações sobre a saúde financeira e a idoneidade da companhia. Lembre-se de que você não poderá recorrer às autoridades locais de regulação e fiscalização do mercado. Suas reclamações terão de ser direcionadas às autoridades do país da seguradora.

COMO COBRIR OS RISCOS POR INVALIDEZ?

COM APÓLICE DE SEGURO

As apólices de seguro são grandes aliadas na jornada até a aposentadoria. Mas, para que sejam eficientes, é necessário que você faça um **gerenciamento dos seus riscos pessoais para saber quais as coberturas de que você necessita** e comprar os produtos corretamente.

Um dos maiores riscos nessa caminhada até o futuro é não conseguir completar a jornada conforme o planejado por ter sofrido um acidente que o impossibilite de continuar trabalhando até completar o ciclo de construção do patrimônio. Para isso, existem as apólices de invalidez, em geral vendidas junto com seguros de vida. Mas observe que, se você não tem dependentes, não precisará de um seguro de vida. No entanto, a necessidade de uma apólice que o proteja em caso de invalidez ainda assim se faz necessária.

O QUE É O MAL DE ALZHEIMER?

É A DOENÇA DO SÉCULO 21, E POUCO SE SABE SOBRE ELA

As doenças do cérebro estão em evidência neste século da longevidade. Antigamente vivíamos o suficiente para procriar, e a morte chegava antes mesmo que os males do sistema nervoso se aprofundassem. A "caduquice" chegava, mas não havia tempo para que mostrasse toda a sua face. Hoje, contudo, a história é outra.

A perda das funções cognitivas causada pela morte de células cerebrais vem desafiando a ciência. Atualmente, o Alzheimer é uma doença incurável. As vítimas em geral são pessoas com mais de 50 anos de idade que perdem memória e têm sérios danos em outras funções, como linguagem, atenção e orientação. É uma das formas mais temidas de demência, que hoje mobiliza cientistas de todo o mundo.

Grandes laboratórios vêm investindo muito em pesquisas. As ações dessas empresas negociadas nas Bolsas de Valores sobem e descem no ritmo das expectativas de lançamentos de novos medicamentos. Até agora, contudo, o que se tem como certeza é a possibilidade de retardar o avanço da doença se o diagnóstico for feito no início. Você poderá obter mais informações na página da Associação Brasileira de Alzheimer.[6]

---

[6] Disponível em: http://www.abraz.org.br/.

O custo humano e financeiro em processos de doenças como esse provavelmente vai surpreendê-lo. Por isso, não subestime o impacto do Alzheimer em toda a família.

A imprensa internacional tem **aumentado muito a cobertura sobre o Alzheimer**, e governos de nações do primeiro mundo, como França, Inglaterra e Estados Unidos, lançaram iniciativas destinadas a melhorar as políticas públicas e o atendimento a pessoas que sofrem da doença.

DR. ALZHEIMER

O médico Alois Alzheimer foi o primeiro a descrever a doença, em 1906. Ele estudou e publicou o caso da sua paciente Auguste Deter, uma mulher saudável que, aos 51 anos, desenvolveu um quadro de perda progressiva de memória, desorientação e distúrbio de linguagem (com dificuldade para compreender e se expressar), tornando-se incapaz de cuidar de si. Após o falecimento de Auguste, aos 55 anos, o Dr. Alzheimer examinou seu cérebro e descreveu as alterações que hoje são conhecidas como características da doença.

Fonte: ABRAz

LIVRO

A escritora Heloisa Seixas é autora do livro *O lugar escuro*, em que narra a descoberta de que sua mãe tinha Alzheimer. É uma história corajosa e comovente. Vale a pena a leitura.

COMO FICAM AS MINHAS FINANÇAS SE EU NÃO ESTIVER MAIS NO CONTROLE?

VOCÊ TEM QUE PENSAR NISSO AGORA, ENQUANTO ESTÁ NO CONTROLE

Nada mais natural do que planejar o final de sua vida. Mas é incrível como os brasileiros simplesmente **não querem pensar nesse assunto e vivem como se fossem eternos**.

Não, planejar o fim não traz mau agouro, pode apostar. Ao contrário, o planejamento o ajudará a viver melhor mesmo quando não estiver em condições de decidir sobre questões práticas como as suas finanças.

Daí pensar, hoje, em quem seria a melhor pessoa para assumir esse comando pode evitar problemas futuros para você e para a sua família.

SUAS FINANÇAS E SUA AUTONOMIA

No processo de envelhecimento, você terá que preservar a sua *autonomia*, que é ainda mais importante do que sua *independência*. Por isso, atenção a esses dois conceitos.

A independência está ligada basicamente à liberdade de movimentos: locomoção e execução de tarefas cotidianas sem demandar o auxílio de parentes ou de empregados.

Autonomia é um conceito mais sofisticado. É basicamente você viver de acordo com suas próprias regras. A questão financeira faz muita diferença nesse aspecto. É possível ter plena autonomia com pouca independência. Para isso, é necessário garantir uma certa prosperidade financeira. Ou seja, ter recursos próprios suficientes para não depender da ajuda de parentes ou amigos.

O ideal, obviamente, é ter autonomia com independência. Mas não se engane. Independência é muito importante, mas você terá problemas sérios se não tiver autonomia.

DEPRESSÃO

A independência financeira terá um papel relevante para evitar a depressão na aposentadoria. Uma pesquisa citada por Alexandre Kalache no programa 50+CBN identificou que as mulheres mais deprimidas são aquelas que, por falta de opção, acabam voltando a morar com os filhos e dividindo um quarto com os netos.

ELA GANHOU, ELE GANHOU E NÓS GANHAMOS... MAS NEM SEMPRE É ASSIM

Esta é uma história real, que exemplifica bem os riscos de viver muito. Riscos a que estamos expostos neste século.

Em 2012, o músico canadense Leonard Cohen, que há mais de uma década não lançava nenhum álbum, voltou ao showbiz com um CD aclamadíssimo pelo público e pela crítica. Eu não sou comentarista de música, então não entrarei nos meandros da qualidade do trabalho de Cohen, de quem sou fã de carteirinha. Sempre gostei dele e amei aquele CD, mas foi a história do seu lançamento que seduziu o meu olhar de jornalista econômica.

Por quê? Porque ele voltou aos palcos depois de tanto tempo por causa de dinheiro. Voltou a produzir depois de aposentado porque a grana acabou. Simples assim.

Cohen fez fama e fortuna, primeiro como poeta e depois como músico, a partir dos anos 1960. Na segunda metade dos anos 1990, foi para um monastério e se aposentou. Pediu à namorada que administrasse sua fortuna e... Bem, você pode imaginar o restante da história.

Em 2008, ele voltou aos shows depois que a namorada e a crise financeira do século fizeram o favor de acabar com o patrimônio que o sucesso lhe rendera desde os anos 1960.

Como a demonstrar que dinheiro realmente não leva desaforo, não importa o tamanho do patrimônio, nem mesmo ele que havia se recolhido a uma vida monástica pôde se dar ao luxo de ver a sua fortuna se desfazer sem ter que correr para reconstruir o seu patrimônio para a aposentadoria.

Mais um pequeno detalhe que diz muito sobre esses tempos estranhos que vivemos em que as pessoas teimam em viver muito: Cohen em 2012 contava 77 anos.

Sim, ele lançou um CD que é considerado o melhor de sua carreira às vésperas de se tornar um octogenário e passou a fazer shows pelo mundo, recompondo o seu patrimônio em grande estilo.

Uma história que tinha todos os ingredientes para ser uma novela de derramar muitas lágrimas, mas que em pleno século 21 ganha pinceladas que deixam um final feliz para todos. Mesmo a namorada que usou de meios pouco ortodoxos para gerir o dinheiro que lhe foi confiado, como foi noticiado pela imprensa internacional, merece nosso perdão. Não fosse assim, ele talvez não voltasse a produzir tanto (fez outros CDs depois deste que marcou a sua volta) e com tanta qualidade.

Uma fonte do mercado financeiro, bastante pragmática, resumiu assim o caso:

"Ela, a namorada, ganhou porque gastou muito bem o dinheiro que roubou. Ele ganhou também porque se livrou de uma aposentadoria melancólica. E nós ganhamos porque ele voltou a cantar..."

Mesmo eu, que sou mais sensível, tendo a concordar 100%.

A história de Cohen serve como exemplo para todos aqueles que pensam que já contribuíram com tudo o que podiam quando chegam a idades mais avançadas. No século em que se vive a revolução tecnológica, com tantos avanços e informações, não é mais só possível viver muito, mas fundamentalmente são reais as chances de se conseguir viver bem. Para isso, contudo, é preciso se planejar. E, pode apostar, não estou falando só de dinheiro.

12

BUSCAR AJUDA

**CONHEÇA O ARCABOUÇO LEGAL
PARA GARANTIR O SEU PATRIMÔNIO**

O QUE É A SUSEP?

É O XERIFE DO MERCADO DE PREVIDÊNCIA PRIVADA

Mas não só isso. A Superintendência de Seguros Privados (Susep) **controla e fiscaliza o mercado de seguros e capitalização**, que é regulamentado pelo Conselho Nacional de Seguros Privados (CNSP). Também está no alvo da Susep promover a inclusão securitária, ou seja, fazer com que os cidadãos tenham mais informações sobre esse mercado, seus produtos e serviços. Dessa forma, tendem a ficar a salvo de erros, fraudes e enganos que possam colocar em risco a sua poupança direcionada à previdência e aos seguros.

VOCÊ DEVE PROCURAR A SUSEP PARA:

> Certificar-se se uma seguradora está autorizada a operar no mercado.

> Conhecer dados dos planos de previdência e os seus custos.

> Ter mais informações sobre empresas de seguros e previdência.

> Fazer reclamações ou denúncias de empresas de previdência, seguros e capitalização.

> Informar-se sobre os contatos das ouvidorias das empresas seguradoras.

> Ver as demonstrações financeiras das empresas participantes desse mercado.

> Conhecer a história do mercado segurador.

Na página da Susep, você encontrará muitas outras informações sobre esse mercado e poderá também fazer algumas simulações de renda a receber no futuro com os planos disponíveis no mercado. Para tanto, vá até a página **http://www.susep.gov.br/menu/servicos-ao-cidadao/calculo-pgbl**

O QUE É A PREVIC?

É QUEM FISCALIZA OS FUNDOS DE PENSÃO

A Previc é para a previdência fechada (fundos de pensão) o que a Susep é para a previdência aberta: o xerife.

Trata-se de uma autarquia vinculada ao Ministério da Previdência Social, responsável por **fiscalizar e supervisionar as atividades das entidades fechadas** de previdência complementar.

Para o participante de um fundo de pensão é impositivo conhecer a Previc, porque é ela que vai lhe dizer quais são os seus direitos e, principalmente, receber as suas reclamações.

Como participante de um fundo de pensão, você pode e deve ajudar o trabalho de fiscalização sempre que tiver dúvidas sobre a gestão do seu fundo.

COMUNIQUE À PREVIC TAMBÉM:

> Quando suas solicitações ao fundo de pensão não forem atendidas.

> Se não estiver confortável com a governança e a transparência na gestão do fundo.

> Quando não receber as informações regulares obrigatórias.

Sua denúncia contra atividades do fundo de pensão deve ser enviada para a Diretoria de Fiscalização da Previc. Acesse o site abaixo para obter o endereço. **http://www.previc.gov.br/sobre/institucional**

PARA QUE SERVE A CVM?

ELA REGULA E FISCALIZA O MERCADO DE AÇÕES, FUNDOS E OUTROS TÍTULOS E VALORES MOBILIÁRIOS

A Comissão de Valores Mobiliários (CVM) é o **ponto de apoio para todo investidor no mercado de capitais**. Na CVM, você conseguirá obter informações sobre empresas, emissões de títulos que estão autorizadas pelo órgão, os seus direitos como acionista minoritário e ainda poderá dar início a processos de investigação sempre que tiver indícios de irregularidades cometidas pelos agentes que atuam no mercado de capitais.

Visite com frequência o site da CVM (**www.cvm.gov.br**) para manter-se bem-informado.

Qualquer título emitido no mercado de capitais deve estar autorizado pela CVM e, antes de comprar esse investimento, você deve se certificar de que o emissor foi autorizado a fazer o lançamento do título no mercado.

Observe que a CVM não regula e fiscaliza apenas o mercado de ações, mas qualquer outra oferta de títulos, como debêntures, por exemplo.

Assim, sempre que lhe oferecerem algum investimento, verifique primeiro se quem está ofertando pode fazer esse trabalho e se a oferta está registrada na CVM.

A CVM também desempenha um papel importante na **educação do investidor.** E você pode encontrar muitas informações que o ajudarão a conhecer melhor o mercado de capitais no portal do investidor: **www.portaldoinvestidor.gov.br**

QUANDO PROCURAR O BANCO CENTRAL?

QUANDO QUISER RECLAMAR, DENUNCIAR, SE INFORMAR, TIRAR DÚVIDAS E CONHECER MAIS SOBRE PRODUTOS E SERVIÇOS BANCÁRIOS E FINANCEIROS

O Banco Central de qualquer país tem como função **assegurar a estabilidade da moeda e do sistema financeiro**. Ele é responsável por emissão de moeda, regulação do crédito, controle do fluxo de capital externo no país (entrada e saída de dinheiro estrangeiro na economia), regulamentação e fiscalização do sistema financeiro nacional. Para manter o poder da moeda, o instrumento básico é a taxa de juro.

O Banco Central também lidera, em conjunto com a CVM, uma série de iniciativas que visam aprimorar a educação financeira do cidadão brasileiro.

Criou num passado recente uma diretoria específica para coordenar ações que contribuam para a construção de uma cidadania financeira, a fim de que os brasileiros tenham mais informações sobre produtos e serviços bancários, gestão financeira pessoal e tudo que ajude o cidadão a deixar seus recursos a salvo da inflação e de armadilhas financeiras. O site **https:// cidadaniafinanceira.bcb.gov.br/** possui muitos vídeos com situações do nosso cotidiano e linguagem fácil. Vale a pena conhecer.

O PROCON PODE ME AJUDAR?

SIM, EM DIVERSOS MOMENTOS, PRINCIPALMENTE NA HORA DE ACERTAR AS SUAS DÍVIDAS

Há um movimento que está ocorrendo nas Fundações Procon de diversos estados que visam atender consumidores superendividados. Esse órgão pode ser um **grande aliado para quem está às voltas com dívidas excessivas** que atrapalham a sua saúde financeira e comprometem seu processo de acumulação de capital para a aposentadoria.

Todos esses projetos que estão sendo implementados nos Procons **ajudam o consumidor a entender seus débitos** e, principalmente, a **renegociar com credores** para evitar multas abusivas, por exemplo.

Além disso, muitos Procons publicam periodicamente informações sobre direitos e deveres do consumidor de produtos e serviços financeiros. Acesse o site do Procon do seu estado.

SE EU CAIR NUMA FRAUDE, QUEM PODE ME AJUDAR?

SE VOCÊ OBSERVAR OS CUIDADOS RECOMENDADOS AOS INVESTIDORES ANTES DE COLOCAR A MÃO NO BOLSO, DIFICILMENTE CAIRÁ NUMA FRAUDE

A melhor forma de evitar perdas por conta de enganos e abusos é a prevenção. É claro que você poderá sempre recorrer ao judiciário e aos órgãos competentes, mas a estrada até o ressarcimento de suas perdas é longa e incerta. Por isso, seja cuidadoso e atento na hora em que estiver avaliando suas alternativas de investimento.

O consumidor poderá contar, para encaminhamento de denúncias e pedidos de orientação, com os órgãos do Sistema Nacional de Defesa do Consumidor (Procons, Ministério Público, Defensoria Pública e Entidades Civis de Defesa do Consumidor).

A Comissão de Valores Mobiliários (CVM) diz que as características mais comuns dos golpes são: rentabilidades atraentes, pouco detalhamento dos riscos e aquela "oportunidade de ouro" que não pode ser perdida.

Entre as fraudes mais comuns estão aquelas que envolvem operações que sequer existem. Ou seja, a oferta de um investimento que não é registrado na CVM por um agente que também não é autorizado a operar nesse mercado. Assim, com uma consulta à CVM, você pode ao mesmo tempo evitar cair nessa armadilha financeira e avisar a autoridade monetária que esse tipo de fraude está ocorrendo. No link abaixo, você encontrará um guia da CVM com informações valiosas para deixar seus recursos fora do alcance de fraudadores: **http://www.portaldoinvestidor. gov.br/portaldoinvestidor/export/sites/ portaldoinvestidor/publicacao/Boletim/ BoletimConsumidorInvestidor-2.pdf**

ANTES DE COLOCAR A MÃO NO BOLSO PARA FAZER QUALQUER INVESTIMENTO, FAÇA AS SEGUINTES PERGUNTAS:

> O vendedor está autorizado a fazer tal oferta de investimento?

> O investimento está registrado?

> Qual o risco comparado ao potencial de retorno?

> Eu entendi o investimento?

FRAUDES DE AFINIDADE

A *Securities and Exchange Commission* (SEC), orgão regulador do mercado de capitais nos Estados Unidos, chamou a atenção para as fraudes de afinidade.

O que é isso? O fraudador "vende" os seus produtos de investimento para grupos de uma mesma etnia, ou que frequentam um mesmo culto religioso, ou que trabalham num mesmo setor etc. Em geral, eles se infiltram como um participante legítimo do grupo e começam então a falar sobre as "maravilhas" de um determinado tipo de investimento.

O modelo se repete pelos séculos e pelos diversos países: as chamadas pirâmides, onde o retorno da aplicação é fictício, em geral dado pelos investidores que entram na aplicação. Ou seja, o dinheiro de quem entra é que paga a remuneração de quem já está na aplicação, e não o lastro do investimento. Quando a fonte seca, ou seja, os novos investidores ficam escassos, a pirâmide desmonta.

DE QUE FORMA A INTERNET PODE ME AJUDAR?

ELA FACILITA O ACESSO À INFORMAÇÃO E O RELACIONAMENTO COM OS ÓRGÃOS REGULADORES

A internet é uma grande aliada dos investidores também na hora de se proteger. Mas atenção: é fundamental que você se certifique sobre os sites que está acessando.

A REDE MUNDIAL DE COMPUTADORES...

...ajuda porque:

> Agiliza seu contato com os órgãos reguladores e fiscalizadores do mercado.

> É fonte de pesquisa de informações sobre empresas, produtos e serviços.

> É um canal para buscar notícias sobre fraudes, investigações, quadrilhas, reclamações etc.

... mas também pode ser uma armadilha se você:

> Entrar em sites falsos.

> Se deixar levar por propagandas enganosas, principalmente em redes sociais.

> Não se certificar da autenticidade da página na web e dos responsáveis pelas informações publicadas.

Sites oficiais:
www.cvm.gov.br
www.bcb.gov.br
www.susep.gov.br
www.mtps.gov.br

OS 10 MANDAMENTOS DO INVESTIDOR

Não lutarás... contra taxas compostas

1

O efeito bola de neve das taxas compostas é tão brutal que pode levar qualquer um a nocaute ou ao pódio sem muito esforço, dependendo da ponta em que você estiver.

Taxa de juro composta é o juro pago sobre um juro vencido. Mais até mesmo do que dinheiro é o tempo que se torna um ingrediente valioso nessa equação. Mesmo uma aplicação inicial modesta pode virar uma pequena fortuna apenas com o efeito do juro sobre o juro ao longo do tempo.

O problema é que, se você estiver na ponta devedora, esse efeito maravilhoso vira uma guilhotina, pois faz com que a pequena dívida inicial se torne um monstro incontrolável.

Não correrás... riscos desnecessários

2

Responda: quanto você está disposto a perder para ganhar 1 mil reais?

100

300

500

1.000

2

Quanto menos estiver disposto a perder, mais conservador você é quando se trata de dinheiro. E pode apostar: se estiver em aplicações que não respeitem a sua tolerância ao risco, as chances de amargar prejuízos desnecessários são enormes.

Há muitos testes aplicados por bancos e gestores para tentar definir o seu perfil de risco. Mas eles são só o início. Para definir qual o seu perfil, você terá que refletir muito sobre o seu comportamento e objetivos do seu investimento.

Não nadarás... em mercados desconhecidos

3

Toda aplicação tem risco, não importa o que digam os seus consultores. Portanto, é preciso entender qual o risco de cada aplicação para saber se você está confortável em assumir essa posição.

Se você tropeçar em aplicações que ofereçam taxas de retorno que parecem muito boas para serem reais é porque, provavelmente, elas escondem um elevado grau de risco ou simplesmente não são reais.

Não lutarás... contra o seu perfil de investidor

4

É muito comum que em momentos de euforia de mercado – sim, eles ocorrem – os investidores se julguem mais arrojados do que realmente são, embalados pelas consecutivas altas dos mercados.

É um perigo. Sua atenção precisa ser redobrada. Foque sempre nos seus objetivos. Eles o ajudarão a manter a sua carteira em equilíbrio, sem correr riscos excessivos, uma vez que você conhecerá o prazo de seus investimentos e a parcela que, independentemente do momento do mercado, terá que se manter sempre conservadora.

Não jogarás... dinheiro na Bolsa

5

Muitas pessoas enxergam a Bolsa como uma espécie de cassino e "apostam" as suas "fichas" em ações de empresas que, elas esperam, as deixarão muito ricas rapidamente.

A Bolsa é um cassino para muitos especuladores e não investidores. Utilize a Bolsa como um caminho para se associar a bons negócios que, com o tempo, tenderão a engordar os seus investimentos, uma vez que no longo prazo esse é um mercado que costuma ter um ganho maior do que a renda fixa.

Não surfarás... em ondas de euforia financeira

6

Os momentos de euforia financeira costumam provocar um impacto na memória de muitos investidores, até mesmo os mais cautelosos: eles esquecem que os riscos existem.

Além disso, são momentos em que começam a se ver como verdadeiros magos das finanças. Eles acreditam firmemente que os ganhos estão ocorrendo por causa de suas habilidades sobrenaturais de lidar com os mercados, e não porque se vive uma onda de euforia financeira.

Não agarrarás... bolhas especulativas

7

A receita infalível para ser bem-sucedido em seus investimentos, seja qual for o mercado, é comprar na baixa e vender na alta. Simples, certo? Mas é impressionante o número de pessoas que fazem o caminho inverso. Em geral, isso ocorre porque elas só começam a prestar atenção em determinados ativos (imóveis, ações, ouro etc.) quando os seus preços estão em alta e começam a ganhar destaque na mídia.

Não saltarás... em depressões econômicas

8 Você provavelmente já ouviu falar que as melhores oportunidades aparecem nas crises. Para proteger o seu patrimônio e aproveitar as oportunidades que chegam com a crise, é fundamental que você esteja sempre preparado. Como? Diversificando a sua carteira de investimento. Lembre-se: não colocar todos os ovos numa mesma cesta é um santo remédio para diluir riscos.

Não chutarás... para fora do campo legal

9 O mercado de capitais brasileiro é regulado e fiscalizado pela Comissão de Valores Mobiliários (CVM). Todo investidor precisa conhecer a CVM para se certificar de que as ofertas de investimento que recebe estão de acordo com a legislação brasileira. Também é preciso checar se a pessoa que está gerindo a sua carteira ou fazendo ofertas de investimento está autorizada a atuar nesse campo.

Não driblarás... os mandamentos acima

10 É fácil culpar alguém pelas perdas que sofrer no seu programa de investimentos. Mas a responsabilidade final é sempre sua. Portanto, participe das decisões sobre os seus investimentos. Acompanhe e questione os seus assessores.

Você certamente terá algumas perdas ao longo do caminho e é preciso aprender com elas. Todo investidor ganha e perde, e os bem-sucedidos são aqueles que colecionam mais ganhos do que perdas.